AF503392

Mes Vingt-huit Jours en Russie

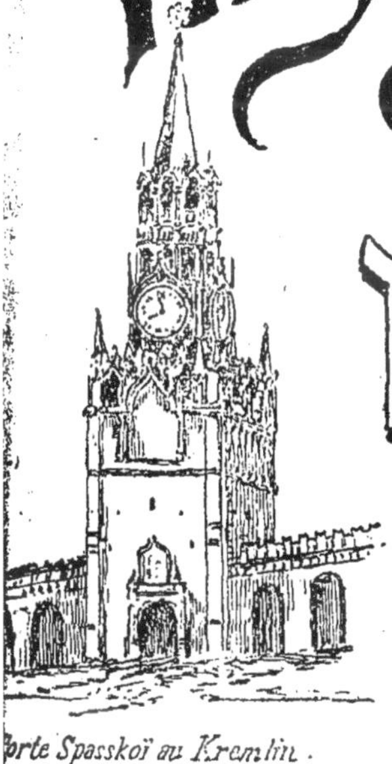

Porte Spasskoï au Kremlin.

PAR

Raoul LAJOYE

1892

GEORGES MAURICE
ÉDITEUR
23 Rue de Seine et 24 Rue Mazarine
PARIS

DU MÊME AUTEUR :

ÉTUDES SUR LE CODE PÉNAL. — *1re Partie :* 1° De la moralisation des condamnés; — 2° De la préméditation dans le parricide et dans l'infanticide; — 3° Le sursis et le pardon en Angleterre; — 4° De la récidive. — *2° Partie :* 1° Du Jury correctionnel; — 2° De la vente du gibier en temps prohibé; — 3° Les conseils de guerre; — 4° Le duel; — 5° De la recherche de la paternité. — *5° Partie :* L'Ordonnance criminelle de 1670. . . . . 1 vol.

L'ÉDUCATION CORRECTIONNELLE EN ANGLETERRE, AUX ÉTATS-UNIS ET EN FRANCE. . . . . 1 vol.

LA LOI DU PARDON. — Étude historique suivie de plusieurs articles parus dans les journaux judiciaires de 1879-80 et 81. . . . . 1 vol.

LA FEMME EN PRISON; *le transfèrement des réclusionnaires en Algérie;* articles divers parus dans les journaux et publications de 1881-82-83 . . . . 1 vol.

LA CHRONIQUE DE MELUN ET DE SON DISTRICT EN 1792 ET 1793 . . . . 1 vol.

DE LA BONNE FOI DANS LES CONTRAVENTIONS. . . 1 vol.

QUELQUES QUESTIONS DE CHASSE *(5 séries)*. . . . . 5 vol.

LE RETOUR A BONNE FORTUNE. — Étude sur la réhabilitation des faillis. . . . . 1 vol.

BAINS DE MER ET PRÉFETS . . . . 1 vol.

PETIT DICTIONNAIRE DE JURISPRUDENCE A L'USAGE DES CHASSEURS. . . . . 1 vol.

LA FEMME POLITIQUE . . . . 1 vol.

MES

VINGT-HUIT JOURS

EN RUSSIE

8° M
7404

FONTAINEBLEAU. — E. Bourges, Imp. breveté.

Mes Vingt-huit Jours en Russie

rte Spasskoï au Kremlin.

PAR

Raoul LAJOYE

1892

GEORGES MAURICE
ÉDITEUR
23 Rue de Seine et 24 Rue Mazarine
PARIS

A Madame X***.

Madame,

Voulez-vous me permettre de vous offrir ce petit livre écrit pour mes amis?

On m'a dit que mon chauvinisme pour la Parisienne était exagéré et qu'en voyageant à l'étranger, je m'apercevrais que la France n'est pas le seul pays possédant des femmes dignes de notre attachement.

J'ai voyagé, et je ne suis pas revenu guéri, puisque ma première pensée est pour une Parisienne.

Raoul **LAJOYE.**

PRÉFACE

PRÉFACE

—

« UN si petit livre pour raconter un si
long voyage! » me disait un savant
critique.

Que voulez-vous? Quand on a parcouru
près de deux mille cinq cents lieues en
vingt-huit jours, on ne peut pourtant pas
rapporter une histoire complète de la Russie : c'est une esquisse, ce n'est pas un
tableau.

Et puis, dois-je l'avouer? J'ai toujours eu
l'horreur des grands ouvrages et je me suis
efforcé, dans toutes mes petites Études,
d'avoir de la concision, pour ne pas trop
ennuyer ceux qui veulent bien me lire.
Sans vanité, je peux dire que si quelques-
unes de mes conceptions sont devenues
des réalités, si plusieurs de mes projets de

loi, sous le nom des bienveillants législa-
teurs qui ont daigné me piller, sont aujourd'hui dans nos codes (la réhabilitation
au criminel, la loi du pardon, par exemple),
c'est peut-être parce que mes idées ont été
présentées en quelques mots et sans être
noyées dans un flot de citations qui décou-
ragent le lecteur.

Qu'arrive-t-il le plus souvent? Lorsque
les tables d'un livre sont bien faites, vous
les parcourez tout d'abord et souvent vous
en restez là, effrayé par la grosseur du
volume; ou bien, si vous vous décidez à
lire les premières pages, survient une visite
ou c'est une occasion qui se présente de
sortir; vous mettez le signet et le livre est
fermé avec l'intention de ne pas l'abandonner. Arrivent des publications nouvelles;
peut-être retournerez-vous encore au volume commencé, mais ce sera pour le feuil-
leter rapidement et arriver bien vite au
dénoûment.

Qu'y faire? Dans cette fin de siècle, tout

marche si vite que le temps manque maté-
riellement pour la lecture à tête reposée.
Alors il faut que les auteurs suivent le mouvement et condensent leurs livres; c'est
comme au palais de justice, où les grands
débats ont fait place à des plaidoiries
écourtées.

Il est plus difficile souvent de convaincre
son auditoire en serrant ses phrases que
de l'entraîner avec des périodes savantes;
mais, de même que les dossiers se succèdent sans relâche devant les juges, de
même les livres s'accumulent sous les yeux
du lecteur, et, si vous voulez tout lire, il
vous faut forcément sacrifier les gros ouvrages en vous contentant du compte rendu
des journaux, tandis qu'un petit livre comme
celui-ci se glisse facilement dans la poche.
Avez-vous la chance d'être seul dans un
compartiment de chemin de fer, vous avez
à votre disposition ce camarade de voyage,
et vous l'aurez lu en entier avant d'arriver
à destination. Vous a-t-il plu? Vous vous

en débarrasserez au profit de l'ami qui vous attend à la gare... et l'auteur y gagne d'être lu davantage.

« — Vous avez peut-être raison sur ce point, reprend mon critique, mais votre récit n'aura-t-il pas un autre défaut, si j'en crois le programme que vous m'avez présenté? Ne manquera-t-il pas un peu de... croustillant? »

Il manquera de ces mots crus, si goûtés aujourd'hui par un certain public, c'est vrai; mais, ma foi, tant pis! Je n'ai jamais pu me faire à ce genre de littérature, et lorsque j'écris dans l'espoir d'avoir des lectrices, je ne veux pas qu'elles puissent rougir en me lisant. J'admets la gauloiserie, mais je ne comprends pas les propos orduriers.

C'est comme pour la peinture; je ne suis pas ennemi d'une école qui reproduira la nature dans sa simplicité, mais aussi dans ses beautés, tandis que je ne saisis pas ce qu'il y a de tentant à faire du réalisme.

Pourquoi nous montrer une paysanne laide
et sans attraits lorsque nos campagnes
offrent si facilement des ravissants modèles? Avec ce principe, pour représenter
une femme du monde il faudrait alors
prendre une de ces anglaises aux toilettes
insensées : ce serait tout aussi logique. Je
ne vois pas ce qu'un peintre peut gagner à
faire laid...

Mais je bavarde et mon livre n'est pas
commencé. Je vous réserve, mon cher critique, le premier exemplaire; ne le jetez
pas au panier avant d'avoir au moins regardé
la couverture : cette porte du Kremlin, que
j'ai reproduite tant bien que mal, conduit à
des trésors qui valent à eux seuls le voyage.

Faites mieux : allez, vous aussi, à Moscou, et vous ne regretterez pas la centaine
de louis que vous coûtera ce déplacement
d'un mois, espace de temps bien suffisant
pour voir beaucoup de curiosités que vous
ne trouverez jamais sur notre cher boulevard.

Les villes sont rares en Russie et si peu rapprochées les unes des autres qu'il est facile de parcourir rapidement ce grand empire, et cela, sans beaucoup de fatigue, grâce au confortable des chemins de fer russes. Lorsque vous avez consacré trois ou quatre jours à parcourir en *drojky* les monuments et les rues d'une ville, il vous reste une impression suffisante pour garder longtemps le souvenir de ces vieilles capitales russes.

Plus vous attendrez et plus vous perdrez. Déjà le costume français envahit les villes, et bientôt les campagnes suivront l'exemple, sans compter les progrès de la civilisation qui renversent le passé. C'est ainsi que l'électricité s'installera bientôt jusque dans les rochers sauvages de la Finlande : Imatra, l'année prochaine, aura son chemin de fer et... ses fontaines lumineuses! O sacri-lège!

I.

BELGIQUE ET ALLEMAGNE

CHAPITRE Ier.

BELGIQUE ET ALLEMAGNE.

Au café Napolitain. — A la préfecture de police. — Bruxelles. — Le palais de justice. — Le Vaux-Hall. — Cologne. — Creus. — Kœnisberg. — Le bouton électrique. — Dantzig : le feu d'artifice et le chameau. — Bronberg. — Thorn.

Paul Siertah, au type arabe comme son nom, mais français et parisien jusqu'au bout des ongles, me disait en prenant son madère au café Napolitain :

« — Si vous étiez moins boulevardier, nous partirions pour Moscou ; mais, lorsque vous apercevez l'Arc-de-Triomphe, vous vous trouvez déjà loin de votre boulevard ! (Ce sont vos propres expressions.) — Quel jour partons-nous ? répliquai-je. »

Tout interloqué de cette réponse laconique, ce fut Siertah qui demanda quelques jours de répit.

Mais il était pris à son propre piège, et le voyage fut décidé.

La première formalité à remplir pour partir en Russie, c'est de se munir d'un passeport parfaitement en règle et visé par l'ambassade de Russie. Sinon, vous restez à la frontière russe.

Nous nous transportons à la préfecture de police et demandons un passeport. On veut bien nous éviter la peine d'apporter un certificat d'identité signé par le commissaire de police de notre quartier, ma profession d'avocat à la Cour d'appel et le titre de conseiller à la Cour des Comptes de mon compagnon ayant paru des garanties suffisantes pour calmer les susceptibilités de l'autorité.

Comme pièce justificative, Siertah n'avait sur lui que sa médaille de conseiller : « Ah! oui! vous êtes empl*oïllié* à la Cour, lui dit un agent! — J'y suis même conseiller, répond mon ami sans sourciller; » et, le lendemain, moyennant une légère rétribution, on nous remettait à domicile les passeports visés par l'ambassade russe.

Le 11 août 1891 avait été fixé comme jour du départ et nous devions rentrer à Paris le mardi 8 septembre... de la même année.

Nous déjeunons au buffet de la gare du Nord, embrassons nos familles respectives et filons sur Bruxelles, mais sans emporter la caisse.

Nos bagages étaient réduits à leur plus simple expression : chacun avait une petite valise contenant des chemises de flanelle, des cols en celluloïd et l'habit (ce dernier en cas d'invitation à dîner) ; un petit sac pour les livres (ne prenez que des guides ; la police russe n'aime pas la littérature) ; et dans ce petit sac un compartiment pour les provisions de bouche : deux couvertures complétaient notre équipement. Nous nous sommes fort bien trouvés d'avoir voyagé sans bagages, les frais de transport étant considérables à l'étranger, sans compter le temps que l'on perd à courir après une malle égarée à quelque bifurcation.

Du reste, mon frère, qui passe son temps à parcourir le monde, nous avait donné ce sage conseil, et je le transmets à ceux qui suivront notre exemple.

... *Midi 40!*... Adieu Paris!... Et nous roulons sans accident jusqu'à la frontière belge.

Le train nous dépose à Bruxelles pour dîner. Dans le *topo* savamment tracé (voir la *couverture de mon livre*), par Siertah, nous devions aller d'une traite à Kœnisberg, sans nous arrêter en Belgique; mais cette première étape était un peu brutale et j'insistai pour coucher à Bruxelles, d'autant plus que je n'avais pas vu la capitale de la Belgique depuis une trentaine d'années et qu'un nouveau palais de justice s'était construit depuis ce temps-là.

Quel changement! Des quartiers neufs à profusion avec marchands de tabac et brasseries tous les dix pas, et l'électricité

éclairant la vieille place de l'Hôtel de Ville
elle-même ; ce qui étonne bien les maisons
espagnoles aux arêtes dorées.

Après avoir dîné au Grand-Hôtel, copie
assombrie du nôtre, nous gagnons le Vaux-
Hall, où se joue de la très bonne musique,
écoutée avec une telle religion par les ha-
bitués que le sommeil nous gagne... On
est déjà loin du Jardin de Paris !

En rentrant à l'hôtel, nous restons un
instant à regarder les invités d'une noce
exécutant assez lourdement un quadrille ;
la mariée, toute rougissante, disparaît, et
nous, nous regagnons nos lits, sans nous
douter que, pendant un mois, nous allions
coucher à la dure.

12 août. — De bon matin, mettant le
nez à la fenêtre, j'ai la vue des Halles, et,
à mes pieds, des attelages de chiens qui
viennent approvisionner les boutiques.

La Société protectrice des animaux agi-
terait son tonnerre, comme papa Piter, en

considérant toutes ces petites voitures qui se croisent et que traînent des chiens humainement attelés.

J'avoue ne pas partager la colère de cette excellente Société : les chiens sont en bon état et les charges qu'ils traînent ne sont pas trop lourdes; ils paraissent satisfaits de leur sort, et sont au moins aussi utiles que leurs camarades, danois et dogues, qui encombrent nos boulevards, font tomber les femmes, et..., au besoin..., dévorent les invités de leur maître.

Nous voici devant le palais de justice : j'avais vu sa reproduction dans l'*Illustration*; j'aurais dû m'en tenir là. Quand on arrive par le côté, après avoir traversé de nombreuses petites rues, on se trouve en face d'un immense... tas de pierres. La façade principale, avec sa colonnade et sa porte babylonienne est préférable, mais, à l'intérieur, la salle des pas-perdus n'est plus qu'un sombre passage envahi par les quatre piliers qui soutiennent le dôme.

Depuis, nous avons vu en Russie des monuments tout aussi élevés, mais ils ont des proportions tout autres et mieux comprises.

Quant au service des audiences, je plains les conseillers; ils sont d'un degré supérieur aux juges de première instance, et leurs salles d'audience aussi. Je ne parle pas de la Cour suprême, qui doit être nécessairement dans le dôme : je n'ai pas été voir.

Et ces pauvres avocats! Nous qui nous insurgeons contre les kilomètres à parcourir dans notre palais de Paris, nous sommes dans un paradis à côté de nos confrères de Bruxelles, qui escaladent et dégringolent des escaliers pouvant rivaliser avec celui qu'avaient construit les orgueilleux rêvant d'escalader le ciel.

Seule la Cour d'assises est convenable et fait oublier la nôtre, cet horrible corridor détruit par la Commune et reconstruit pieusement et lentement par messieurs nos architectes.

A deux heures, départ pour Kœnisberg
et nous dînons à Cologne. Grâce à sa
connaissance de la langue allemande,
Siertah nous tire d'embarras, et, si nous
mangeons médiocrement, nous buvons de
la bière excellente en regardant la cathé-
drale, aujourd'hui terminée, que j'avais vue
autrefois avec un clocher inachevé. Les
wagons sont confortables... à côté des wagons français : cinq places, la sixième
remplacée par une porte qui conduit à un
cabinet de toilette... complet.

Deux Allemands partagent notre compartiment, mais nous quittent au bout
d'une heure : nous pourrons dormir tran-
quilles; malheureusement la voie est aussi
peu agréable que les habitants du pays.

Avant de nous quitter, un de ces chers
Allemands avait engagé la conversation
pour nous montrer, sans doute, combien
il parlait bien notre langue, — ce qui était
vrai, — et il nous expliqua avec un tact
parfait que les passeports sont inutiles en

Allemagne, « excepté pour l'Alsace ». Il
descend enchanté d'avoir été aussi aimable!
(Sa Majesté allemande vient de supprimer
ce raffinement de cruauté, mais dans l'intérêt unique du commerce allemand,
soyez-en bien persuadés.)

La nuit est venue, et, dans les nombreux réveils que me procurent les sac-
cades de notre wagon, j'aperçois de tous
côtés des nombreuses fabriques éclairées
à l'électricité. Le train passe dans le voisinage de l'usine Krupp : notre artillerie
étant actuellement supérieure à l'artillerie
allemande, il faut bien fondre des canons
nuit et jour... C'est beau la paix armée!

13. — Siertah connaissait Berlin et mon
intention n'étant pas de prolonger mon
séjour chez nos glorieux vainqueurs, nous
ne nous arrêtons dans leur capitale que le
temps de faire un premier déjeuner.

Nous remontons en wagon et nous
sommes seuls; les voyageurs allemands

prennent rarement les premières classes.

On traverse Berlin dans toute sa longueur, ce qui permet d'apercevoir ses rues tirées au cordeau et les maisons surchargées de pâtisseries du plus mauvais goût, — ce qui ne m'étonne pas.

Puis nous entrons dans de nombreuses plaines dont les récoltes ne paraissent pas brillantes : les pommes de terre surtout n'ont pas réussi, et, comme c'est la principale nourriture du peuple allemand, l'année sera désastreuse.

Après Custrin, nous apercevons les premières cigognes : perchées sur le haut des toits au milieu de leur nid, construit comme une forteresse, elles nous regardent passer indifférentes, — un avantage des animaux sur l'espèce humaine.

Un incident se produit : une de nos roues a trop chauffé : il faut passer dans une autre voiture et nous ne sommes plus seuls. C'est moins grave puisque l'heure du sommeil est passée.

Creus!... Arrêt pour déjeuner, mais le train nous descend à cent mètres du buffet; de plus, le service est si bien fait par les garçons que la cloche sonne et nous remontons dans notre wagon la dent... *creuse*. (Pardon de ce mauvais jeu de mots!)

Les tribulations ne faisaient que commencer : dam! voyager un 13! — J'avais remarqué qu'un employé, armé d'un long marteau, s'était arrêté à Creus devant notre wagon et contemplait les roues d'un air mélancolique. Le train part cependant, mais à la première station on nous fait descendre : encore une roue trop chauffée!

Cette fois, il fallut monter en seconde classe malgré les justes réclamations de Siertah : on supprime les wagons détériorés; on ne les remplace pas.

Enfin, après trente heures de chemin de fer, nous débarquons à Kœnisberg à huit heures du soir, par la pluie et l'estomac dans les talons.

Pendant le dîner qui se terminait par une omelette au sucre (j'ai les sucreries en horreur!), je faillis commettre un désastre.

Dans la salle à manger dînaient de nombreux officiers allemands, voire même des généraux, à en juger par les salutations obséquieuses des jeunes officiers. Si j'avais mené certaine entreprise jusqu'au bout, j'aurais plongé cet état-major dans un étonnement profond et dans une obscurité plus grande encore. Voulant appeler le garçon, j'appuie sur un bouton : fort heureusement, le bouton résiste, sinon je fermais le courant électrique... Les grosses torsades d'or auraient peut-être trouvé la plaisanterie mauvaise et je pouvais ne pas dormir dans mon lit; ce qui, du reste, n'aurait pas été une grande perte! J'étrennais, cette nuit-là, les lits allemands; on couche sur une galette et comme draps on a une paire de serviettes!

Suffisamment secoués par le chemin de fer, nous avions sommeil et il fallait faire contre fortune bon cœur. Roulé dans mes serviettes je m'endormis en regrettant mon lit de la rue Laffitte et je ne me réveillai que le lendemain au bruit des gouttes d'eau qui tombaient en cadence sur le zinc de ma fenêtre.

14. — Voulant me raser, je sonne, et, par une pantomime expressive, j'explique à la bonne que je désire de l'eau chaude; j'agitais ma savonnette pour mieux me faire comprendre. *Ia*, *ia*, dit Gretchen, et elle disparaît.

Cinq minutes après surgit un coiffeur armé d'un énorme rasoir, — et je ne confie jamais mon menton à ces mains qui sentent la pommade à haute dose. — Je prends mon homme par la manche et je le conduis à la chambre de Siertah. Enfin j'étais compris grâce à mon interprète, et, quelques instants après, la bonne apportait de l'eau chaude... à Siertah !

La pluie cesse un peu; nous quittons

l'hôtel pour voir la ville ; mais cette visite pendant laquelle il fallait ouvrir son parapluie à chaque instant manquait de gaîté. Le château où se font sacrer les empereurs n'a rien de curieux, au moins à l'extérieur, et la seule jolie vue dont nous gardons le souvenir est celle du lac : c'est un très grand lac d'Enghien.

A partir de ce jour-là, nous allons supporter un autre ennui : la provision de *Caporal* était épuisée et il fallut fumer une espèce de mousse jaunâtre appelée tabac, il est vrai, mais n'ayant aucun rapport avec le nôtre. Aussi quelle joie lorsqu'à Varsovie et à Saint-Pétersbourg nous pûmes retrouver un paquet de notre tabac français !

On quitte sans regret Kœnisberg et nous remontons en chemin de fer pour aller déjeuner à Dantzig ; après avoir aperçu la Baltique par une pluie battante, nous arrivons à destination.

Siertah se trompe, et, au lieu de se

faire conduire dans un hôtel de premier ordre, il vient échouer dans une espèce d'auberge.

C'était une nuit à passer! Peu nous importait, d'autant plus que la nourriture quoique allemande fut à peu près supportable. Ce qui fut moins agréable, ce fut le tapage qui se fit sur la place voisine : c'était la foire, et un établissement de chevaux de bois était installé sous nos fenêtres, établissement électrique, ce qui causait l'admiration de la populace et le désespoir de nos oreilles.

Dantzig est plus curieux que Kœnisberg : cette ville avec sa rue principale, son hôtel de ville, sa fontaine et ses maisons de bois sculpté est digne d'une visite ainsi que le port sillonné de bateaux, mais, pour le voyageur qui n'aurait pas de temps à perdre, il vaut mieux aller directement de Bruxelles à Saint-Pétersbourg ou à Varsovie.

Je glisse rapidement sur tout ce que j'ai

vu en Allemagne, mes notes ayant été faites principalement pour la Russie.

Le soir, avant de nous coucher, nous prenions un verre d'eau-de-vie de Dantzig, — la liqueur d'or, comme l'appellent les gens du pays, — et, à dix heures nous rentrions, bon gré, mal gré, la retraite ayant battu dans toute la ville : les habitants disparaissaient chacun chez eux comme des fantômes.

La place de la foire est déjà silencieuse lorsque nous gagnons nos chambres.

Silence trompeur! Je dormais sur mon grabat depuis quelques heures lorsqu'une série de détonations me fait sauter hors du lit. Était-ce un feu d'artifice en retard?... Je crus savoir le lendemain que c'était une explosion partielle dans une des casemates... Je me rendors, mais, au lever du soleil, si l'établissement de chevaux de bois n'avait pas encore commencé à faire manœuvrer son orgue bondé de cornets à piston, une ménagerie voisine renfermait des

animaux rares et notamment un brigand
de chameau qui, sans doute en voyant pa-
raître l'astre du jour, eut une réminiscence
de son pays natal et il salua Phœbus par
des beuglements qui me faisaient perdre le
reste de ma nuit. Tout n'est pas rose en
voyage !

15. — Du coup, mon ami Paul ne me
tira pas par l'oreille pour me glisser dans
une calèche moyen-âge qui nous conduisit
au chemin de fer.

On passe par des pays fort pauvres et
nous arrivons pour déjeuner à Bronberg.
J'avais demandé cet arrêt pour ne pas me
lever à cinq heures du matin, mais, si
j'avais pu deviner que ma nuit se passerait
entre un feu d'artifice et un réveil de chameau, j'aurais évité cet arrêt à Bronberg,
ville peu intéressante, mais horriblement
chaude, grâce au soleil qui nous recon-
duisit charitablement jusqu'à la gare.

Ce soir-là nous couchions à Thorn : les

Allemands ne marchandent pas les fortifications dans cette ville qui touche la frontière.

Il y a, de plus, sur la Vistule, un pont
remarquable par sa courbe.

Ce qui ne fut pas très agréable, ce fut le
coucher. Au lieu d'une couverture enveloppée dans une serviette, je trouvai un
édredon immense sous lequel j'obtins une
transpiration fort peu désirée, et ce fut
avec bonheur que je quittai ma couche au
petit jour pour veiller à la confection du
panier dans lequel nous emportions notre
déjeuner.

16. — Repassant le pont courbe, nous
disons adieu à l'Allemagne et nous arrivons
bientôt à Alexandrowo, où se trouve la
douane russe.

II.

LA RUSSIE

VARSOVIE.

CHAPITRE II.

LA RUSSIE.

VARSOVIE.

La douane russe et ses infirmiers. — Costumes du peuple russe. — Varsovie. — Je parle russe. — Le badigeon. — Le *Figaro* « caviardé ». — *Isvostchiks* et *drojkys*. — Le parc Lasinski. — Le château Potocki. — Patrouille russe. — Départ pour Saint-Pétersbourg.

16 août (suite). — Le train n'est pas arrêté qu'une volée de soldats s'abat sur les marchepieds et les grosses têtes des gendarmes apparaissent aux fenêtres des wagons. Ils sont habillés de vestes bleues avec brandebourgs rouges et sont coiffés de *talpaks* ornés d'un plumet rouge : avec leur barbe mal peignée, ils ont un air peu rassurant : fort heureusement je n'ai pas eu maille à partir avec eux pendant tout mon séjour en Russie et je n'ai jamais été

tenté de faire cet essai, les habitudes poli-
cières en Russie étant plus expéditives
que les nôtres.

Les passeports sont recueillis ; puis nous
sommes invités à descendre avec nos bagages pour passer à la douane, qui, je dois
le reconnaître, fut beaucoup moins tracas-
sière que... la nôtre, par exemple.

Nous tombons dans les bras d'une es-
couade d'infirmiers. Le service des gares
est fait par des garçons revêtus de longs
tabliers blancs et coiffés de la casquette
noire, coiffure nationale : c'est à se croire
à l'hôpital. Seules nos valises subissent la
visite, visite sommaire : il est vrai qu'elles
ne contenaient aucun objet suspect.

J'ajouterai que les employés sont pleins
de zèle : en arrivant dans une gare, vous
confiez vos bagages à l'un d'eux et regardez son numéro en lui disant quel est le
train que vous prendrez ; serait-ce pour
deux ou trois heures d'attente, vous trouverez, à l'arrivée du train, votre homme

campé devant vous, vos bagages à la main,
et il aura soin de les placer lui-même dans
le compartiment, de même qu'il était venu
les prendre dans le train que vous aviez
précédemment quitté; et tout cela pour
une douzaine de *kopecks*. (Le *kopeck* vaut
4 centimes.)

En attendant l'heure du départ, je considère un vénérable pope qui se promène
gravement, revêtu d'une houppelande bordée de violet, une énorme croix sur la
poitrine, et... un vulgaire chapeau de
paille grise sur la tête : malheureusement
les enluminures de son nez nuisent à sa
dignité.

Enfin, un gendarme rend les passeports
et nous voici dans un train russe, tandis
que le train allemand repart de son côté,
ramenant les voyageurs moins bien en
règle que nous.

L'écartement des voies est plus large
sur les chemins russes, de sorte qu'une
invasion par voies ferrées serait difficile.

La locomotive siffle et nous partons. A noter : les cheminées de la plupart des locomotives ont la forme d'un immense cornet renversé.

Pendant que nous traversons des grandes plaines peu fortunées, le temps passe à faire disparaître le déjeuner préparé à Thorn, et, comme nous avions eu soin d'acheter à Paris un petit nécessaire contenant fourchette, couteau et verre, notre dînette ne manque pas d'agrément. Ce nécessaire, j'ai retrouvé le pareil dans un passage de Moscou, et de fabrique française, bien entendu.

Par-ci, par-là, on aperçoit quelques rares paysans : ils ont la chemise rouge sortant du pantalon, et des grandes bottes quand ils ne sont pas nu-pieds.

Les femmes ont des jupes également rouges, et souvent aussi des bottes.

Les habitations ou *isbas* sont peu nombreuses et misérables, construites pour la plupart avec des troncs d'arbres superposés. Près d'une station, l'une d'elles a pris feu, et, sans essayer de combattre l'incendie, les habitants la regardent brûler comme un fagot.

Nous traversons des forêts, et, de temps en temps, on voit que des parties entières ont été rasées. Cette coupe forcée a été faite lors des dernières insurrections polonaises.

Vers les deux heures, on arrive à Varsovie. Le premier aspect est favorable, et l'omnibus de l'hôtel nous fait traverser de belles rues; mais quel pavé! Nous retrouverons à Saint-Pétersbourg et à Moscou cet assemblage de gros galets qui vous font bondir comme les marrons dans la poêle.

L'hôtel est un véritable monument. Pendant que Siertah, comme M. Crépin, change de linge, je descends à la salle à manger pour luncher.

Grâce à mes gestes, je me fais servir une assiette de viande froide et de la bière, mais je voudrais de la moutarde... Ici je deviens incompréhensible et je pensais à prendre mon crayon, à l'exemple d'Alexandre Dumas, qui dessinait un champignon et obtenait un parapluie... Soudain, je me souviens que j'ai dans ma poche un dictionnaire de conversation... Ma foi! tentons l'épreuve!

Lire le russe, c'est encore facile, la plupart des lettres étant grecques ou françaises; le prononcer est une autre affaire, les voyelles changeant de son, suivant la place occupée par l'accent : or l'accentuation n'a pas de règle.

Par bonheur, mon petit dictionnaire contenait trois colonnes : 1° le mot en français; 2° le mot russe; 3° le mot russe prononcé à la française et écrit dans notre langue.

Très ému, je cherche le mot *moutarde* et le prononce d'après les renseignements du petit livre : « *Da* (oui) », répond le garçon, et il disparaît.

Un instant après il m'apportait triom-
phalement... un pot de moutarde! Merci,
mon Dieu, je savais le russe... Je l'ai oublié
depuis que j'ai rencontré un Parisien à
Cracovie et que je lui ai fait cadeau de
mon dictionnaire.

Siertah me rejoint, et, grâce à son Bae-
deker, nous pouvons flâner par la ville
sans avoir besoin de guide. Je crois que
j'ai gagné dans l'estime de Paul quand il a
su que je parlais le russe.

Une première impression, qui ne me
quittera pas tant que nous serons en Russie, dépoétise pour mes goûts de peintre
amateur les plus beaux monuments de ce
pays. La Russie, c'est le règne du badigeon, et dans quels tons! Du rose pâle
vous passez sans transition au vert tendre
ou au bleu céleste, quand ce n'est pas le
rouge brun qui s'étale, sans aucune nuance,
sur les palais et les maisons.

De plus, toutes ces constructions sont
en briques, et leurs colonnes, leurs sculp-

tures ne sont qu'un vulgaire assemblage de plâtras qui disparaît sous le pinceau du badigeonneur.

Cependant il doit exister une raison pour que les Russes se livrent à cette orgie de couleurs. Il y en a une, en effet : lorsque le pays est couvert de neige, des maisons peintes comme les nôtres seraient d'un effet déplorable et d'un blanc qui paraîtrait sale, tandis que cette palette brille sur le blanc tapis comme un massif de fleurs printanières.

Sautant de galets en galets, quand le milieu du trottoir dallé est occupé par le beau sexe (et il ne manque pas à Varsovie), nous jetons un coup d'œil sur la Vistule, traversée par un pont métallique.

En contre-bas sont installées, sous la terrasse du château, les écuries d'un régiment de cosaques.

De là, après avoir passé devant une colonne qui rappelle, en petit, la colonne Alexandre, de Saint-Pétersbourg, nous entrons dans l'église catholique, peu remarquable, mais où l'on constate déjà le fanatisme du peuple au point de vue des idées religieuses, qu'il s'agisse de la religion grecque, catholique ou russe.

Un *moujik* est au pied d'un grand crucifix fixé au mur, et ses baisers retentissent dans l'église, pendant que des femmes accroupies sur les dalles poussent des gémissements en implorant l'aide de Dieu.

Dans les églises russes, les génuflexions sont peut-être plus répétées encore, et les images saintes *(les icones)* perdent leurs couleurs sous l'embrassement d'une foule déguenillée qui souvent meurt de faim, mais dépensera son dernier *kopeck* pour acheter un cierge à la gloire de Dieu... et de l'Empereur.

Passons au quartier juif; il est nauséabond, comme ses habitants qui traînent leurs vieilles lévites noires — ou qui furent noires — serrées à la taille par une ceinture de couleur fanée.

Ces costumes, généralement portés par les marchands juifs ou catholiques, cachent souvent des grosses fortunes, et tel passant crasseux pourrait donner l'aumône à plus d'un seigneur qui dévore les débris de son héritage pour jeter un dernier éclat éphémère, ruiné qu'il est en grande partie par l'affranchissement des serfs, qui lui a coûté un tiers de ses propriétés.

Que de familles émigrent à l'étranger, ne pouvant rivaliser de luxe avec le marchand de thé ou de froment!...

O vertu! protège notre innocence! Aux fenêtres nous apercevons des minois agaçants; sur les trottoirs, nous croisons des jeunes filles rieuses — très rieuses : « Siertah, mon ami, rentrons dîner; on est ici trop près du boulevard! » Et nous regagnons l'hôtel, où je trouve le *Figaro*, mais il est *caviardé*. — « Caviardé? » direz-vous.

Lorsqu'un article déplaît à la censure impériale, on le couvre d'une épaisse

couche d'encre d'imprimerie qui a l'aspect
d'une tartine de caviar; si le numéro entier n'est pas du goût de la censure, on
l'arrête à la frontière : « Oh! mon Dieu!
c'est bien simple! » aurait dit ce pauvre
Gil Pérès.

Ce passage caviardé, j'ai cherché à le
lire : ce n'était pas possible; et croyez-
vous qu'il s'agissait de politique?

Nullement, puisqu'il était dans les mots
du jour... C'était peut-être trop raide!
Calino n'avait pas mis ses gants, ou la
censure ses lunettes vertes.

Et on demande en France une loi pour
la presse. Caviardons!... ce qui ne me
ferait pas rire. Suivez plutôt l'exemple de
l'Angleterre : liberté complète, mais.....
indemnités salées... — « Pardon, Raoul,
nous ne sommes pas ici pour faire un cours
de droit. — Brigadier, je veux dire Paul,
vous avez raison! »

Les théâtres étant fermés, le soir fut
occupé, après un peu de correspondance,

à nous plonger dans les délices de nos
lits... sans draps.

17. — Un tour dans la ville, le matin.
L'église russe est en réparation ; nous
nous contentons d'admirer les cinq coupoles dorées... Nous n'étions pas encore
blasés !

Nous flânons au marché, en partie couvert ; c'est un souvenir du Temple, et nous
échappons difficilement aux sollicitations
des marchands ; seulement, comme ils parlaient russe, je n'ai pas su, malgré mon
dictionnaire, s'ils employaient la langue
verte avec la supériorité de ces dames du
Temple.

Le déjeuner nous attend ; nous rentrons
à l'hôtel par un jardin dont l'entrée est in-
terdite aux juifs et nous passons devant
l'ancien palais des rois de Pologne : il ne
manque pas d'élégance, grâce à sa colonnade qui ne nuirait pas à nos Tuileries
pour réunir le pavillon de Flore au pavillon

de Marsan (ce qui ferait beaucoup mieux que ce trou béant très imparfaitement caché par l'arc du Carrousel). — « Voyons, Raoul, vous allez faire maintenant un cours d'architecture ! — Brigadier !... »

Nous assistons à la lutte de deux grandes bêtes de grues qui se sauvent à tire d'ailes devant un roquet échappé dans les jardins du palais... — « Déjeunerons-nous? — Brigadier!... » — Et nous prenons nos jambes à notre cou pour regagner l'hôtel, tout en passant devant un monument élevé en souvenir des dernières convulsions polonaises.

Enfin nous déjeunons, et, pendant que le café nous est servi devant l'hôtel, les *isvoslchiks* (traduisez : cochers), flairant des étrangers, exécutent une fantasia devant le café. Je ne m'y connais pas du tout en chevaux, et c'est malheureux, car la cavalerie russe est bien jolie. Mais ces chevaux à grandes crinières et à longues queues devraient rougir d'être attelés à d'horribles *drojkys* (traduisez : fiacre) qui rendraient des points aux vieux coucous que l'on trouve la nuit dans nos gares de chemins de fer.

Les *isvostchiks* avaient du flair, car nous avions besoin d'eux pour visiter les châteaux Lasinski et Potocki, situés hors la ville.

Déjà l'un d'eux avait essayé de s'entendre avec nous en bredouillant un jargon allemand, lorsqu'un Polonais qui prenait son café près de nous, vit notre embarras et nous proposa, en pur français, de nous venir en aide. Ce n'était pas de refus !

Après avoir demandé dix roubles (le rouble-papier vaut à peu près 2 fr. 50), un des cochers nous accepta pour quatre roubles... sans pourboire... et nous partons, bondissant sur le pavé dans un véhicule préhistorique, traîné par deux petits chevaux de l'Ukraine qui vont comme le vent.

Fort heureusement Siertah n'a pas ma

corpulence, de sorte que nous arrivons à caser chacun la moitié... de notre individu dans la voiture et nous eûmes la chance inespérée de ne pas tomber à terre.

Remarquez toutefois qu'à Varsovie, une petite galerie vous protège par derrière, tandis qu'à Saint-Pétersbourg le coussin est complètement plat; mais notre apprentissage était fait après cette première promenade.

Ajoutons que l'*isvostchik*, enveloppé dans sa touloupe, déborde d'une manière insensée dans l'intérieur de la voiture, et, qu'en outre, chaque fois qu'il passe devant une *icone*, il ôte son chapeau pour faire une multitude de signes de croix, ce qui permet à ses cheveux incultes de se livrer à une course fort peu rassurante pour le voyageur.

C'est un roman que l'histoire d'un chapeau de cocher! Supposez un castor, comme le portaient nos arrière-grands-pères, mais un castor aplati, avec des grands rebords retroussés. Quand le cocher commence son métier, vers les quinze ans, le castor est d'un noir brillant, mais la figure de son propriétaire disparaît dans la coiffe; plus tard, les cheveux s'épaississent et la tête du cocher reparaît; mais le pauvre chapeau a tellement reçu d'avalanches de pluie et de neige que ses poils ont disparu et la graisse déborde sous le ruban crasseux que serre à regret la grosse boucle rouillée.

Le seul luxe consiste pour le cocher à avoir une ceinture de couleur voyante qui ferme la touloupe et des boutons de métal brillant ou argenté qui sont cousus au collet.

Pendant que je décris le costume du cocher, nous sommes arrivés au Bois, c'est-à-dire au parc Lasinski, ancienne résidence polonaise. Nous voyons en passant le monument élevé à la mémoire d'un héros de la Pologne et nous admirons le palais, construit comme Chenonceaux, sur un cours d'eau; ici c'est un lac au lieu d'être une rivière.

Dans ce parc il y a même, si j'ai bonne

mémoire, un théâtre d'été, comme il en avait été créé un au pré Catelan.

Nous voici en pleine campagne et notre *drojky* gémit à chaque saut qu'il fait sur les galets. Changement de tableau : après avoir dépassé les ouvrages en terre qui défendent Varsovie, nos deux petits chevaux enfoncent dans le sable jusqu'au poitrail. Il faut faire volte-face et nous reprenons une route de galets ; nos membres étaient moulus quand nous arrivâmes au château Potocki.

Faute de nous faire comprendre, nous n'avons pas visité l'intérieur du château, et il fallut se contenter de se promener dans un beau parc terminé par un grand lac entouré d'arbres séculaires.

Notre cocher, qui avait dépouillé son costume et avait pris un habit de paysan pour nous rejoindre, arrivait trop tard pour nous guider dans le palais. Nous nous sommes consolés depuis en voyant des intérieurs de palais à satiété.

On passe, pour quitter le château, devant le tombeau des Potocki et nous nous reposons un instant dans une auberge pendant que les chevaux mangent l'avoine.

Une patrouille de cavalerie trottine devant nous : eux aussi, sans doute, font les grandes manœuvres; mais, en été, leurs uniformes ne sont pas brillants; les soldats portent la veste blanche que les nôtres réservent pour les corvées, le tout accompagné d'un grand sabre, comme celui de Barbe-Bleue.

Les petits chevaux de notre *drojky* piaffent et hennissent; il faut remonter dans notre horrible voiture et notre supplice recommence jusqu'à l'entrée de Varsovie. Là, un employé nous réclame environ cinquante centimes pour avoir le droit de rentrer en ville.

C'est une manière de remplacer l'octroi, et je soumets l'idée à nos conseillers municipaux...

Le concierge ayant bien voulu nous rendre nos passeports confisqués à notre

arrivée pour être visés, nous sommes conduits par l'omnibus de l'hôtel à la gare,
après avoir traversé la Vistule. Un *drojky*
nous aurait coûté moitié moins cher, mais
il faut faire son école avant de passer maître.

Nous allons quitter Varsovie, la ville
mondaine, — le petit Paris, comme disent
ses habitants, — pour prendre la direction
de Saint-Pétersbourg, la ville diplomatique, majestueuse, imposante, mais peu
récréative (au moins en apparence), surtout
en été. Plus tard ce sera Moscou, la ville
commerçante; puis Kiew, la ville religieuse par excellence; et enfin Odessa, la
ville maritime; cinq aspects bien tranchés.

III.

SAINT-PÉTERSBOURG

CHAPITRE III.

SAINT-PÉTERSBOURG.

Chauffage des locomotives au bois. — Conversation avec
un Russe. — L'hôtel de l'Europe. — Dominique. — Les
concierges. — La perspective Newski. — Kazan. — Les
clefs de la ville de Reims. — La Néva. — La statue de
Pierre le Grand. — Le prix du vin. — La maison de
Pierre le Grand. — L'ancienne citadelle. — Isaac. —
Monastère d'Alexandre Newski. — Moine et journal. —
L'affranchissement des serfs. — Arcadia.

18 août (6, pour le calendrier russe). —
La locomotive, au lieu de nous envoyer la
noire fumée du charbon de terre, laisse
derrière elle une odeur de bois brûlé, ce
qui nous étonne moins lorsque nous
voyons, aux rares stations, de grosses
piles de bois. En Russie, les forêts sont
considérables et servent à alimenter le
chauffage des villes et des chemins de fer
presque partout.

Comme le faisait remarquer l'auteur du *Pays des roubles,* — ou un autre, — avant que la provision de bois ne soit épuisée, on aura trouvé sous terre des trésors de charbon que les Russes n'ont pas encore pensé à exploiter.

Nous avions quitté Varsovie le 17, à 6 heures du soir et nous devions arriver à Saint-Pétersbourg le 18 à 8 heures du soir, soit vingt-six heures de chemin de fer.

Grâce à l'organisation des wagons, qui est fort bien comprise (ô P.-L.-M!), on peut dormir aussi agréablement que dans son lit, je dirai mieux que dans un lit russe, ce qui permet de parcourir sans grande fatigue toutes ces plaines et ces immenses forêts, qui n'offriraient aucun attrait au voyageur tenté de s'arrêter entre les principales stations pour trouver une auberge... introuvable.

Après avoir roulé de longues heures et déjeuné des acquisitions faites dans les buffets, nous nous rapprochons de Saint-Pétersbourg. A quelques verstes de la capitale, nous récoltons un voyageur qui nous parle russe : « Frantsous », répondons-nous, et aussitôt notre nouveau compagnon parle français sans le moindre accent; je ne remarque même pas les : « *donc, cher, déjà,* » qu'on accuse les Russes d'accumuler quand ils parlent notre langue (ce qui me fait penser à une chose, c'est qu'à Bruxelles je n'ai presque plus entendu le fameux : « *savez-vous* » : les bonnes habitudes se perdent, savez-vous?)

Notre Russe, qui demeure à Saint-Pétersbourg, est très causeur : on parle de la visite de la flotte française à Cronstadt et nous voyons avec plaisir que la population nous préfère de beaucoup aux Allemands. Mais il s'agit ici de la population des villes, petite minorité; quant au reste du pays, il suffit d'avoir passé un mois en Russie pour comprendre que ces cinquante ou soixante millions d'habitants[1], dont un cinquantième à peine sait lire et écrire, seraient bien en peine d'émettre un avis dans les questions politiques.

Le paysan russe n'a qu'un dieu : l'Empereur, et il lui est dévoué corps et âme.

Je sais bien qu'en face du paysan, il y a le nihiliste, avec son esprit révolutionnaire, mais la secte est encore peu nombreuse...
— « Allons, bon! vous voilà encore dans la politique, dit Siertah. — Pardon, excuse, mon sargent! »

Le Russe me donne l'exemple de la prudence, car au premier mot de politique, il devient muet comme une carpe de Fontainebleau... C'est qu'en Russie le silence est d'or, à cause du voisinage de... la Sibérie, qui est tellement hospitalière qu'elle garde ses hôtes jusqu'à la fin de leurs jours,

1. La Russie comprend environ la cinquième partie de la terre, s'étend sur 22,430,000 kilomètres carrés (la France n'en a que 529,000) et nourrit tout près de cent millions d'habitants. (ALFRED RAMBAUD, professeur à la Sorbonne. — *Revue encyclopédique*, 1891.)

quand ils ne meurent pas en y allant.

Les marais qui s'étendent autour de nous annoncent l'arrivée à Saint-Pétersbourg. Je descends au dernier buffet pour prendre un verre de thé (il est parfait dans toute la Russie) et je me trouve nez à nez avec une figure qui ne m'était pas inconnue. En effet, c'est un avoué de Paris : nous renouons connaissance et nous débarquions ensemble à l'hôtel de l'Europe, après avoir traversé une partie de Saint-Pétersbourg.

Si l'aspect de Varsovie nous avait paru tout de suite agréable, il n'en fut pas de même de Saint-Pétersbourg : ces grandes rues, ces maisons très élevées, tout cela est glacial au premier abord et restera sévère. Mais il faut aller en hiver à Saint-Pétersbourg, et non pas en été. C'est un peu comme nos boulevards pendant les vacances; ils perdent leur gaieté et... leurs jolies femmes; de plus l'absence des traîneaux ôte à la capitale toute son activité.

On parlait français à l'hôtel et nous

pûmes dîner sans avoir recours à mon dictionnaire. La cuisine faite à la française, et le plus souvent par des Français, est aussi bonne qu'à Paris dans les bons hôtels, à Moscou comme à Saint-Pétersbourg. A nous la faute quand nous choisissions un plat russe, et généralement ces tentatives ne nous réussissaient pas.

Après le dîner, on fait un tour chez Dominique, l'un des seuls cafés de Saint-Pétersbourg. Ah! il ne faut pas chercher sur la perspective Newski les rangées de tables qui font l'ornement de nos boulevards et... le découragement des gens pressés. A peine Dominique ose-t-il ouvrir ses fenêtres... en été.

Ce n'est pas gai pour un boulevardier, et c'est un des déboires que nous donne Saint-Pétersbourg, les rues étant désertes dès que la nuit tombe.

Après avoir regardé un instant jouer au billard (les Russes se servent d'une vingtaine de billes, ce qui ressemble peu à nos parties de carambolages), nous nous décidons à rentrer au bercail, c'est-à-dire à l'hôtel.

Devant les grandes portes je voyais des hommes assis sur les bornes ou se promenant comme un factionnaire. J'ai su depuis, ô concierges parisiens! que c'étaient vos confrères ; seulement ceux-là gardent la porte en dehors toute la nuit, à toute époque de l'année, tandis que vous, vous maugréez après le locataire qui vous fait sortir le bras du lit pour tirer le cordon après minuit!

A propos de lit, le mien avait presque une apparence de vrais draps.

19. — Malgré le temps peu favorable, le désir de visiter la ville nous réveille de bonne heure et nous commençons la journée en allant toucher nos lettres de crédit : l'escarcelle se vidait à vue d'œil.

A ce sujet, il faut que je fasse tous mes remerciements à mon ami Siertah. Il avait bien voulu se charger de la comptabilité, et, grâce à lui, je suis revenu de voyage sans avoir su distinguer un *rouble* d'un *florin*, un *kopeck* d'un centime, puisque mon fidèle caissier se chargeait de tout payer.

Une fois munis d'argent (ce qui est indispensable en Russie plus que partout ailleurs) nous enfilons cette interminable perspective Newski, deux fois large comme notre boulevard, mais dépourvue d'arbres, ce qui ne la rend pas plus gaie. (N'oublions pas que nous sommes au mois d'août.) Les trottoirs sont exhaussés au-dessus de la chaussée pour ne pas être envahis l'hiver par la neige fondue, et l'horrible galet nous présente sa tête pointue toutes les fois qu'il faut abandonner le passage dallé.

Constatons cependant qu'il y a un progrès sur Varsovie pour les voitures : la chaussée est pavée de bois, mais les pavés sont en forme de carreaux et je crois ce système inférieur au nôtre.

Voici Kazan : cette église, qui veut imiter Saint-Pierre de Rome, est écrasée par la colonnade qui la précède ; de plus, isolée sur la place, elle manque d'accompagnement, ne serait-ce qu'un square.

Nous entrons, et mon regard est attiré aussitôt vers des trophées parmi lesquels j'aperçois les aigles de Napoléon Ier et les clefs de plusieurs de nos villes (entre autres celles de Reims, bien que Reims n'ait jamais eu de portes, me fait observer Siertah).

Je suis distrait de ce triste spectacle par la cérémonie religieuse : on dit la messe, mais, ayant quitté l'église trop vite, je n'ai pas aperçu l'officiant. Selon le rite russe, l'autel se trouve séparé du reste de l'église par une cloison, l'*iconostase*, cloison percée de trois portes.

De temps en temps, la porte du milieu s'ouvre, et le prêtre se montre aux fidèles agenouillés sur la dalle, puis il disparaît et la porte se referme.

Ces *iconostases* sont couverts du haut en bas des bijoux les plus précieux et d'*icones* enrichies de perles et de diamants.

Chaque pays a ses coutumes, et la majesté des cérémonies russes vaut bien celle de nos églises; mais ce qui frappe le plus, c'est l'accompagnement musical : pas d'instruments, ni orgue, ni violon, ni... serpent, mais des voix de basse magnifiques. Il y a, du reste, un conservatoire pour les chantres d'église.

Notre promenade se continue jusqu'à l'Amirauté, dont la flèche se voit de loin ; puis nous arrivons à la Néva, large comme la Tamise à Londres.

A mon retour à Paris, la Seine ne me paraissait guère plus importante que l'un des canaux qui traversent la ville; et l'illusion était d'autant plus facile que, sur les canaux de Saint-Pétersbourg, on voit des bateaux-omnibus comme sur la Seine.

C'est du bord de la Néva que l'on peut

le mieux juger la grandeur de Saint-Pétersbourg. Cette suite de quais bordés de
palais à perte de vue donne un magnifique
coup d'œil, et les navires qui sillonnent
le fleuve amènent un peu de vie dans ce
grand... j'allais dire tombeau, qui ne re-
devient vivant qu'avec la glace et les
traîneaux, si j'en crois une charmante
actrice de Paris, Mlle Henriot, qui a joué
l'année dernière au théâtre Michel. Mais
je doute que, malgré les succès qu'elle a
remportés en Russie, Mlle Henriot renou-
velle son engagement, non pas qu'elle ait
emporté un mauvais souvenir du public
russe, mais, elle aussi, je la crois un peu
trop amoureuse de son Paris. Et je la
comprends.

Restez-nous, mademoiselle, et que vous
fassiez des créations au Théâtre Libre ou
au Gymnase, ne vous laissez plus tenter
par les Russes : les applaudissements parisiens valent mieux que les bravos des
plus grands souverains.

Et puis, nous, les boulevardiers, nous n'aimons pas beaucoup qu'on nous vole nos plus jolies et nos meilleures actrices.

Nous reprenons le chemin de l'hôtel et passons devant l'église d'Isaac, nous réservant de la visiter plus tard. Elle est précédée par une grande place sur laquelle se cabre le cheval de Pierre le Grand, œuvre française (comme Isaac). C'est notre statue de la place des Victoires, mais dans des proportions beaucoup plus grandes. Pierre semble contempler la ville qu'il a fait sortir des marais, et franchement s'il redescendait aujourd'hui sur cette terre, il pourrait être fier de sa capitale, d'autant plus qu'après lui Catherine II sut dignement poursuivre l'œuvre commencée. Du reste, en Russie, on a un véritable culte pour ces deux noms.

Nous retrouvons notre avoué à déjeuner. Un conseil aux touristes au point de vue économique : tâchez de vous habituer à boire de la bière tant que vous serez en

Russie; elle est buvable et à bon marché, même dans les grands hôtels, tandis que le Suresnes des plus mauvaises années vous coûterait au minimum quatre et cinq francs la bouteille. Je ne parle pas du champagne, dont les grandes marques se paient facilement de dix à vingt *roubles* et même davantage (j'ai dit *rouble* et non pas *franc*).

Les vins de Crimée et de Bessarabie rappellent nos vins d'Algérie, mais ils coûtent encore trois ou quatre francs la bouteille.

Si vous vous trouvez obligé d'offrir le champagne, n'oubliez pas qu'il s'en fabrique en Crimée et en Bessarabie : pour celui-là vous en serez quitte avec deux *roubles* ou deux *roubles* et demi.

Mais n'essayez pas d'être trop galant avec le beau sexe; les chanteuses de Saint-Pétersbourg et de Moscou ne refuseront peut-être pas la bouteille de champagne, mais si vous ne leur avez pas été présenté, elles vous abandonneront bientôt pour rejoindre les redingotes crasseuses dont les portefeuilles sont bondés de roubles. On nous citait un de ces marchands enrichis de la veille qui, pour se faire bien venir d'une Viennoise, lui avait offert un petit hôtel valant 8oo,ooo *roubles*.

Encore un mot sur certains *trucs* économiques à ne pas négliger. Avant les repas, on s'approche du buffet où se trouvent les *acouski* (hors-d'œuvre) et on mange debout, presque à discrétion, du poisson fumé, du caviar, etc., le tout arrosé d'un verre de *wotka* (prononcez wotki), espèce d'eau-de-vie du pays; cette réunion d'apéritifs vous coûtera quelques *kopecks*. Mais asseyez-vous et, après le potage, demandez un seul de ces hors-d'œuvre : ce sera trente *kopecks*. Voulez-vous manger du *sire* (fromage), ne demandez pas du fromage, qui vous coûterait trente *kopecks*, en prendriez-vous la grosseur d'un dé à coudre; réclamez une sandwich de fromage :

vous en aurez pour quelques *kopecks*.

Ce sont des petits détails qui ont leur intérêt, la vie étant très chère en Russie; on pourrait presque dire qu'un franc ou un *rouble* en papier, c'est à peu près la même chose, et vous savez que le *rouble* papier vaut environ 2 fr. 5o.

Pendant que nous prenons le café, le portier (qui ressemble à Punch), nous prévient que, pour visiter le Palais d'Hiver, il faut aller voir notre ambassadeur et faire approuver l'autorisation qu'il nous donnera par le gouverneur du Palais.

Nous prenons un *drojky*, et je constate que notre jeune cocher n'est pas illettré, puisqu'il lit les caractères russes de mon dictionnaire quand j'écorche un mot, ce qui m'arrive plus souvent qu'à mon tour; mais avant que l'éducation se soit généralisée en Russie, il coulera de l'eau... dans la Néva.

Monsieur l'ambassadeur, par extraordinaire, n'est pas chez lui. (Mon frère, dans ses nombreux voyages, a bien rarement rencontré le représentant de la France, et si j'étais mauvaise langue, je pourrais citer certaine colonie dont le consul vivait à plusieurs heures de la ville et se faisait représenter... par une modiste.)

Nous laissons nos cartes de visite à l'ambassade et, le soir même, nous avions nos permissions, que notre portier fit contresigner par le gouverneur du Palais d'Hiver.

Notre cocher nous conduit de l'autre côté de la Néva, à la maison de Pierre le Grand, et nous recommande de jeter nos cigarettes en traversant le pont, qui est un pont de bateaux toujours prêt à s'ouvrir lors de la débâcle.

Nous nous conformons d'autant plus à cette observation que nous apercevons un *gardevoï* (Siertah prononçait garde-avoine), qui se tient à la tête du pont et n'a pas les yeux dans sa poche.

C'est déjà un progrès que de pouvoir fumer ailleurs que sur les ponts; autre-

fois il était défendu d'allumer un cigare
dans la rue et on racontait l'histoire de ce
jeune Français qui ne dut d'éviter l'amende
que parce qu'il se rencontra, en sortant
d'un café, nez à nez avec l'Empereur. Le
jeune homme, interpellé par le tzar, qu'il
ne connaissait pas, plut au souverain par
son bavardage et il put fumer son cigare
jusqu'au bout sous la haute protection du
souverain, qu'il reconnut enfin en voyant
tous les passants se découvrir respectueusement devant leur groupe.

Notre *drojky* s'arrête devant la maison
construite par Pierre de ses propres mains,
lorsqu'il vint jeter les fondations de Saint-
Pétersbourg : on voit même le premier
bateau de la flotte russe, construit également par le rude charpentier.

Cette cabane me rappelle celle qu'il
s'était faite lorsqu'il travaillait comme
simple ouvrier à Zaardam; mais cette dernière n'est que protégée contre les injures
du temps tandis que la maison de Saint-

Pétersbourg, dans sa double enveloppe, a été convertie en chapelle où viennent s'agenouiller officiers et *moujiks*, grandes dames et femmes du peuple. On ne peut pas leur reprocher le manque de reconnaissance (ce qui ne se trouve pas tous les jours).

En voyant tout ce monde de fidèles prodiguer des baisers aux *icones*, je me rappelais mon étonnement à mon entrée en Russie, lorsque je vis deux hommes s'embrasser sur la bouche : c'est chose commune dans le pays, mais c'est une mode que je ne goûterais pas du tout... entre personnes de mon sexe.

Remontons dans notre fiacre et, passant devant la doyenne des églises de Saint-Pétersbourg, traversons plusieurs ponts-levis. Nous sommes dans l'ancienne citadelle; dans son église reposent les empereurs, et leurs tombeaux sont recouverts de métaux précieux. A peine si nous avons visité quelques églises et nos yeux sont déjà fatigués de la profusion d'or qui ruisselle sur tous les murs des monuments.

Trop d'or ! et je ne compte pas les pierres précieuses, presque aussi grosses que les cailloux qui torturent nos pieds à tout moment dans les rues.

Cette profusion d'or est telle qu'il n'est pas rare de voir des coupoles entières non seulement dorées mais couvertes de feuilles d'or et même de platine.

Et quand, après avoir contemplé ces dômes éblouissants, votre regard s'abaisse vers le peuple agenouillé sur les dalles de porphyre ou d'agate, quelle misère !

Nous traversons la Néva pour revenir sur la rive gauche et nous arrêter à l'église d'Isaac.

C'est un beau Panthéon, et il fait plus d'honneur à l'architecte français de Montferrand, qui l'a construit, que notre gâteau de Savoie n'en laissera à Soufflot : il est vrai que notre Panthéon a perdu sa légèreté lorsqu'il fallut murer les colonnes supérieures qui étaient à jour, dans la crainte d'un tassement.

Extérieurement, Isaac a ses frontons supportés par d'énormes colonnes de granit rose et de très beaux bronzes surmontent les portes, faites du même métal. L'intérieur de l'église est encore plus riche : l'*iconostase* est soutenu par des colonnes de lapis-lazuli et de malachite, sans compter les tableaux ornés de diamants et de perles, les mosaïques et les cadres en or massif ; mais j'ai perdu quelques illusions au sujet de ces colonnes de lapis ; il paraîtrait qu'elles sont en fer creux et que le lapis ne serait qu'un placage : c'est, il est vrai, un placage déjà respectable.

Puisque nous avons parlé des tableaux, c'est, à mon avis, la partie la plus intéressante des églises, principalement des anciennes églises. A Moscou, à Kiev, à Nijni-Novgorod, vous trouvez des trésors de peintures byzantines, trésors enfouis la plupart du temps dans les catacombes ou bien écrasées par leurs cadres d'or qui ne laissent voir que les figures et les mains des saints.

Cette école russe est remarquable : les modèles choisis pour représenter le Christ et la Vierge sont toujours les mêmes, mais quelle finesse de reproduction ! Ce que j'ai vu de ces adorables têtes, c'est incroyable, et, tout cela, pour entendre un guide vous dire : cette *icone* vaut tant de *roubles*, à cause des pierreries et de l'or; quant à la peinture elle-même, n'en parlons pas; on ne sait même pas le nom de l'artiste.

Comme nous n'appartenons pas au beau sexe, auquel il est défendu de passer derrière l'*iconoslase*, nous pénétrons dans le sanctuaire, et je remarque principalement la reproduction en or de saint Isaac : nous nous croisons avec un *pope* qui se dirige vers un autel : le prêtre est couvert de riches ornements.

Mais nous n'avons pas encore vu suffisamment de richesses; traversons tout Saint-Pétersbourg pour entrer au monastère d'Alexandre Newski. Cette fois, c'est un tombeau en argent massif, haut comme les plus grands catafalques; l'autel est également en argent, les torchères, les grilles, que sais-je encore? tout est en argent massif, et toute cette argenterie ne fait pas grand effet.

Comme nous étions entrés dans l'église déserte sans faire de bruit, nous surprenons le moine de service en train de lire prosaïquement son journal, qu'il fait disparaître à notre vue. Ces moines se font des têtes de Christ, et je ne jurerais pas que les plus élégants n'aient pas recours au henné pour donner à leur chevelure les tons vénitiens.

Chose singulière! Dans un pays aussi dévot, les prêtres sont peu considérés et les rencontrer est un mauvais présage que l'on conjure en crachant par dessus l'épaule.

Des mauvaises langues prétendent qu'à

force de courir de maisons en maisons pour porter leurs prières, les popes reviennent quelquefois au logis dans l'état du père Noé, ce qui ne fait pas rire leurs tendres épouses. Les popes sont mariés et perdent leur titre s'ils perdent leur femme.

Ce que j'ai vu de mes yeux dans les catacombes de Kiew, c'est que ces catacombes ne renferment pas seulement les tombeaux des saints; dans certains couloirs obscurs, j'ai cru apercevoir des cadavres qui n'avaient rien de sacré, puisque c'étaient, je crois, des bouteilles de vin.

Après tout, ce n'est pas mon affaire, n'est-ce pas?

Nous avions bien gagné notre dîner après cette course folle; nous couvrons d'or notre jeune cocher et rejoignons notre avoué déjà attablé.

La conversation tombe sur la misère du peuple russe; elle nous semble effroyable, mais il paraît que c'est une affaire d'habitude pour cette population qui ne se plaint pas. On m'assurait même que lors du récent affranchissement des serfs, les paysans furent les premiers embarrassés de leur liberté. Mais actuellement, grâce à leur ignorance profonde, ils se figurent que si leurs seigneurs ont été dépossédés d'une partie de leurs terres, ce n'est qu'un acompte. Singulier raisonnement, et qui peut avoir des conséquences graves !

Autre singularité : l'Empereur semblerait disposé à favoriser le peuple au préjudice des seigneurs, les ouvriers au préjudice des patrons... Allons ! bon ! nous voici encore dans la politique !

Mieux vaut manger le *soudac* qui m'est offert : ce poisson ressemble à la morue fraîche et n'est pas mauvais, mais il ne peut pas être comparé au fameux *sterlet* que nous dégusterons à Nijni-Novgorod, ce poisson qui, paraît-il, ne peut vivre que dans les eaux du Volga. Or vous voyez ce que devait coûter son transport avant la création du chemin de fer, et il fallait l'apporter vivant et baignant dans de l'eau du Volga.

Il est certain que le *sterlet* est très fin, mais je ne sais pas si je n'aime pas autant une bonne petite sole de nos côtes normandes. Il est vrai que je ne suis pas un gourmand.

« Que ferons-nous ce soir? de dire l'avoué. Pas de théâtres, pas de cafés! » Le portier (il fut notre providence pendant tout notre séjour à l'hôtel, ce bon M. Punch) nous propose, en clignant de l'œil d'un air malin, une calèche pour aller à Arcadia, quelque chose comme les bateaux de fleurs de la Chine. Allons-y!

O désillusion! Arcadia, situé aux Iles, la promenade favorite du grand monde... en hiver, est un vulgaire établissement dans le genre du bal Bullier, sauf qu'on n'y danse pas; mais il y a trois théâtres, sur lesquels on chante en allemand, en russe, en français, quand ce n'est pas un orchestre qui vous étourdit par son vacarme. Comme public féminin c'est faible ; quant au sexe fort, il est représenté par beaucoup d'officiers fortement allumés : il est vrai que ce n'est peut-être pas un jour *chic*.

L'un de ces officiers, un Tatare (et non Tartare), se distingue entre les autres par ses cris assourdissants. Avec sa longue robe en désordre, ses cartouchières et son bonnet d'astrakan, il a l'air d'un possédé, et il devient même dangereux au moment où il dégaîne un énorme poignard et le brandit au milieu de la foule qui s'écarte respectueusement. Ses camarades le calment avec peine.

Ces expansions bruyantes sont habituelles : *faire la grande noce* pour les gommeux russes consiste à casser tout.

Vous louez un cabinet : la *casse* est comprise dans le prix de location, et une de ces petites fêtes ne se termine convenablement que lorsque tout est en miettes, verrerie et mobilier.

Il est même de bon ton de prendre les bouteilles de champagne et de les envoyer se briser au plafond. Enfin les toasts sont nombreux et à chaque toast on vide son verre d'un seul coup, pour l'envoyer ensuite à toute volée dans un coin de la pièce.

Était-ce une société russe qui prit un jour, dans un de nos cafés de Paris, la nappe par les deux bouts et l'envoya sur le boulevard avec toute la verrerie? Je serais tenté de le croire. En tout cas, si c'était une imitation, elle était bien dans le mouvement.

Il y avait encore, à Arcadia, une certaine galerie installée au premier étage, et l'on voyait de nombreuses dames se promener sur la terrasse. Notre science dans la langue russe ne nous permit pas de nous risquer de ce côté... et puis l'officier tatare était peut-être là-haut.

Nous sortons sans regret de ce lieu de délices et retrouvons facilement notre équipage, grâce à la corpulence de notre *isvos-*

tchik, dont la touloupe boursoufflée domine les autres voitures.

En descendant à l'hôtel, Siertah rencontre un de ses amis : c'est encore un avoué de Paris !

Je m'endormis ce soir-là en pensant à ces histoires de bouteilles de champagne lancées au plafond, et je me souvenais qu'il fut un temps, à Saint-Eugène, près d'Alger, où certaine bande joyeuse envoyait quelquefois au plafond le jet des siphons d'eau de seltz : c'était moins coûteux, mais pas beaucoup plus intelligent. Il faut beaucoup pardonner à la jeunesse !

IV.

SAINT-PÉTERSBOURG. — IMATRA

CHAPITRE IV.

SAINT-PÉTERSBOURG (*suite*). — IMATRA.

Arrivée de l'Empereur. — L'Hermitage. — Le bazar. —
Viborg. — Imatra. — Madame Pirrouitte. — Le lac
Saïma. — Cronstadt. — Péterof. — Le Palais d'Hiver.
— Les Iles. — La Pointe. — Les pigeons.

20 août. — De bon matin, j'ouvre un
carreau de ma double fenêtre : j'aperçois
des drapeaux russes aux trois couleurs,
blanc, bleu, rouge (le drapeau jaune à
double aigle noir est le drapeau de l'Empereur); les portes sont également ornées
de draperies nationales bordées d'hermine.

Je cours réveiller Siertah et nous restons
pendant un bon quart d'heure à regarder
ces préparatifs de fête, nous creusant la
tête pour en deviner la cause.

Tout à coup, Paul se frappe le front :
« J'ai une idée : je vais sonner le somme-

lier et je lui demanderai le motif de cette
réjouissance. » Nous savions aussitôt par
la bouche du domestique que l'Empereur
arrivait à Saint-Pétersbourg pour recevoir
son fils fraîchement débarqué du Japon,
et, comme le tzaréwitch avait failli se faire
assommer par un fanatique japonais, ce
retour causait une grande émotion dans la
ville.

Pour nous donner l'heure de l'arrivée, le
sommelier n'en savait pas plus que nous,
et, sauf le chef de la police, le public devait être dans la même ignorance; ce qui a
lieu toutes les fois que la Cour se déplace.

Dans la journée, nous avions passé notre
temps au musée de l'Hermitage; à notre
sortie nous ne vîmes plus de drapeaux, et
cependant l'Empereur était allé avec son
fils à l'église de Kazan, mais en venant
par le côté opposé à celui où on l'attendait.

L'Hermitage, qui touche au Palais
d'Hiver, est un musée de premier ordre. Il
aurait fallu passer là des semaines entières

pour avoir une idée des richesses qu'il renferme, sans oublier la galerie consacrée à Pierre le Grand. Moins complet que le Louvre, il a un plus grand nombre d'œuvres de certains maîtres; les Rubens, les Rembrandt, les Teniers, les Van Dyck, l'école espagnole et même l'école française, sans compter l'école russe, s'y disputent la place.

Je lisais hier un article de M. Sarcey sur le désordre qui règne au Louvre : ce désordre n'est pas à craindre à l'Hermitage, où l'on ne pénètre qu'accompagné d'un valet de pied qui ne vous quitte pas d'une semelle.

Le seul défaut, c'est l'obscurité qui cache une bonne partie de tous ces chefs-d'œuvre, dont il me serait impossible de donner l'analyse; mais Saint-Pétersbourg peut être fier avec raison de ses collections, supérieures aux nôtres dans plusieurs de leurs parties. Et c'est quelque chose que d'oser rivaliser avec le Louvre,

ce trésor que les Parisiens affectent de ne
pas connaître ! Nous avons peut-être le
musée le plus complet du monde et il est
délaissé.

Il en est de même pour les beautés de
la nature : en France, autour de Paris,
vous avez les paysages les plus délicieux,
et nous faisons des efforts d'imagination
pour chercher bien loin, à l'étranger, ce
qui est à notre portée tous les jours; Anglais et Allemands connaissent mieux que
nous nos propres richesses.

En quittant l'Hermitage, nous saluons
les cariatides de granit qui gardent l'entrée
du musée, et, complètement abrutis par
cette visite trop rapide, nous nous dirigeons vers le bazar pour brocanter un peu.

Tous les bazars de la Russie se ressemblent, qu'ils affectent la forme ronde ou
qu'ils soient carrés : leurs petites boutiques ont une activité qui ferait rêver nos
marchands du Palais-Royal; mais, là-bas,
ils ont le même défaut qu'ici : on ne peut

pas s'arrêter devant un magasin sans être
assailli par un commis qui obtient un
succès qu'il ne cherchait pas, celui de vous
mettre en fuite. Comme nos marchands
(peut-être un peu moins), les Russes né-
gligent souvent de mettre le prix d'une manière ostensible; ce qu'il faudrait faire, au
moins pour les objets de peu de valeur, qui
serviraient d'amorce. — « Pêcheur à la
ligne, murmure Siertah! » — Allez demander à nos grands commerçants d'affi-
cher quelques-uns de leurs prix! Ah! fi!
c'est bon pour le petit commerce, et ils ne
comprennent pas que souvent l'acheteur,
retenu par une fausse honte, n'ose pas entrer dans un grand magasin sans acheter,
et comme il ne voit aucun objet de valeur
minime qui puisse couvrir sa retraite, il va
plus loin, tandis qu'il devient la proie de
celui qui a su l'attirer, sous le prétexte de
lui vendre une bagatelle.

Dans ce bazar de Saint-Pétersbourg, ce
ne sont partout que des articles de Paris

ou de Vienne; ce qui ne faisait pas notre affaire. A peine avons-nous pu dénicher un marchand juif qui nous a vendu des vieux, ou soi-disant vieux triptyques en cuivre émaillé, après avoit débattu les prix sur une ardoise que chacun couvrait de chiffres à la craie, sans pouvoir nous exprimer autrement, puisque nous parlions une langue différente. Jamais nous n'avions tant marchandé! On quittait la boutique; le marchand courait après nous; nous revenions, puis nous abandonnions notre butin; le juif ne se lassait pas de gémir; enfin, il céda : donc il nous volait encore.

Comme il pleut, nous rentrons dîner à l'hôtel et souhaitons bon voyage au premier avoué, qui nous quitte avec l'intention de descendre le Volga et d'aller à la ville de Kazan, projet qu'il ne put mettre à exécution, par suite des basses eaux. Un avoué perdu, un avoué retrouvé, et le second avoué rencontré la veille par Siertah prend la place du premier. On va boire le thé chez Dominique, et la retraite sonne de bonne heure, car il faut partir le lendemain pour la Finlande.

21. — A huit heures du matin, après avoir pris des billets circulaires et nos passeports, nous nous installons tous trois dans le train qui nous conduit à Viborg.

Arrivés là, nous nous perdons dans ce diable de pays où personne ne parle français, ce qui n'est pas extraordinaire, mais nous gêne. Cependant un jeune homme en uniforme (tous les fonctionnaires militaires ou civils portent un costume), finit par nous remettre dans la bonne voie et nous pouvons ratrapper le temps perdu en ingurgitant un déjeuner que le patron de l'endroit nous soutient être excellent : celui-là parlait français ; c'était bien inutile pour nous prouver que ses plats étaient exquis quand ils étaient médiocres.

Il faut se hâter : le bateau va partir. Des *drojkys* nous conduisent à l'embarcadère et nous voici installés sur un petit vapeur chargé de voyageurs pour les nombreuses stations qui bordent les lacs.

Le temps s'est radouci et nous profitons à l'aise des ravissants points de vue qui varient à chaque tournant; de tous côtés des villas coquettes égayent le paysage et je comprends que les habitants de Saint-Pétersbourg viennent passer l'été dans ces jolis endroits qui me rappellent en grand, en très grand, le bois de Boulogne.

Le bateau s'arrête aux écluses; il faut descendre pour prendre un autre bateau qui nous attend à la partie supérieure du canal. La même manœuvre se répète une seconde fois, ce qui nous donne l'occasion de marcher un peu. Siertah fait de la botanique; l'avoué et moi, nous fumons en maudissant le tabac russe.

Enfin, vers les cinq heures, on débarque définitivement, et ne sachant pas l'heure de l'arrivée à Imatra, nous faisons un lunch sérieux qui met le buffet complètement à vide : le pain disparaît jusqu'au dernier morceau ; le Français est terrible sur ce point : si les Russes en mangent peu, il n'en est pas de même pour nous, et les hôteliers nous regardent avec terreur engouffrer chacun une demi-douzaine de ces pains qui font deux bouchées.

Une fois le buffet dévasté, nous nous installons dans deux chars à bancs : nous étions une quinzaine, dont plusieurs dames, françaises pour la plupart. Les hommes, sauf deux Allemands qui n'ouvrent pas la bouche, étaient tous Français... et on dit qu'en France on ne voyage pas !

Si les Allemands n'ont pas parlé, vous me demanderez peut-être comment nous avons pu reconnaître leur nationalité. C'est cependant bien facile : toutes les fois que vous verrez un individu tenir sa fourchette à l'envers et mettre la lame de son couteau dans sa bouche, vous pourrez parier huit fois sur dix que c'est un Teuton.

Nos deux voitures sont attelées chacune

avec trois petits chevaux qui ne demandent
qu'à courir; et ils coururent tout leur saoûl,
montant les côtes au pas, il est vrai, mais
pour mieux prendre leur élan aux descentes. Quelles dégringolades, mon Dieu!
et par des pentes escarpées qui nous con-
duisaient à des ponts en bois vermoulu
suspendus sur les ravins : le plancher
craquait ; les voitures grinçaient ; les
garde-fous tremblaient, et cependant nous
arrivons sains et saufs au premier relai.

Pendant que les cochers prennent des
chevaux frais, nous marchons en avant et
je cause avec un jeune homme que je savais parisien mais qui ne m'avait pas donné
son nom. Comme je lui parlais du Palais :
« Vous êtes magistrat? me dit-il. — Non,
simple avocat. — Alors je suis un de vos
jeunes confrères. » Décidément, la basoche
se donnait rendez-vous en Russie, ce dont
je ne me suis pas plaint, au contraire.

La voiture nous ratrappe, mais la seconde est en retard; nous ne l'attendons

pas, la nuit venant vite; et nous ne sommes
pas encore à Imatra, notre station finale.

Nous recommençons nos descentes et
nos montées; pour nous rassurer, mon
jeune confrère raconte ce récit qu'il tient
d'un cocher : l'année précédente, un atte-
lage ayant manqué l'un des ponts que
nous traversions, voyageurs et chevaux
furent précipités dans l'abîme et tout le
monde fut tué. « Vous êtes gai! » inter-
rompt Siertah... Au même moment nous
entendons dans le lointain un cri étrange,
un de ces cris qui n'appartiennent qu'à un
certain vocabulaire parisien : *Pirrouitte!*

C'était la seconde voiture qui avait re-
gagné le temps perdu; mais je n'ai jamais
pu savoir quelle dame avait, par inadver-
tance, lancé ce cri de ralliement, car c'était
une voix de femme qui avait réveillé les
échos d'Imatra.

N'importe! je fus plus étonné encore
d'entendre ce cri dans les rochers de la
Finlande que je ne le fus à Nijni-Novgorod

en écoutant chanter la *Marseillaise* dans un café bondé d'individus qui venaient des quatre coins du monde.

Mais quel est ce grondement lointain? C'est la cascade d'Imatra : à dix heures, nous trouvions enfin le dîner et le coucher.

La cascade avait été illuminée aux frais d'un riche étranger, mais, à notre arrivée, les lanternes s'éteignaient petit à petit, honteuses d'avoir voulu lutter avec les rayons de la lune : celle-ci, de mauvaise humeur sans doute, se cachait dans un nuage comme nous descendions de voiture, de sorte qu'il fallut nous contenter de dîner et remettre au lendemain notre visite au torrent.

Pendant le repas, j'étudiais le son de voix de mes voisines : impossible de deviner à laquelle de ces dames je devais donner le surnom de Madame Pirrouitte.

On se couche, mais dans un vrai lit russe. Dans le jour ce meuble, grand comme un berceau d'enfant, est rangé

dans un coin de la chambre; le soir on le
tire comme un accordéon; sur une planche
on place un sac de noix... je veux dire un
matelas et deux serviettes : le lendemain
on se réveille complètement courbaturé.

Et dire que Siertah fit la grasse matinée,
tandis qu'aux premières lueurs du soleil
j'avais quitté au plus vite cet instrument
de torture, en poussant des gémissements
chaque fois que je remuais un bras ou une
jambe. Franchement, j'aurais préféré une
planche toute seule, au moins je ne me
serais pas déshabillé et j'aurais dormi
comme nous dormions, hélas! en 1870, à
la belle étoile!

22. — Enfin, je peux voir la cascade :
ce n'est pas une cascade, c'est un rapide,
mais quel rapide! Sur un bon kilomètre,
avec une pente d'environ vingt mètres, un
déluge d'eau descend du lac Saïma; la
vitesse de cette trombe est insensée. Res-
serrées par les rochers, les vagues se

heurtent les unes contre les autres, brisant tous les obstacles. Nous jetons un tonneau entier; nous ne le vîmes même pas reparaître, non plus que ses débris : C'est un nuage d'écume! Puis toutes ces gerbes augmentant de vitesse, se jettent en désordre dans un lac inférieur où elles se calment enfin dans un immense remous; leur colère apaisée, elles remontent le long de la rive avec un doux clapotement. « C'est une cascade plate! » s'écrie une des voyageuses plus matinale que les autres... J'ai toujours eu dans l'idée que j'avais eu à ce moment devant moi Madame Pirrouitte; mais elle n'a jamais voulu avouer ce cri, bien excusable dans un moment de gaieté.

J'avais l'intention de traverser la cascade dans un panier glissant supporté par un fil de fer, mais l'appareil ne marchait pas et ne marchera plus.

Les ingénieurs sont passés par là : on bâtit les piles d'un pont pour le chemin de

fer, et, comme je le disais dans ma Préface,
l'année prochaine l'électricité viendra pro-
faner ce beau désert! Adieu les courses en
char à bancs!

Ce sera comme la Suisse, qui ne tar-
dera pas à avoir un railway avec station
sur le Mont-Blanc!

Tout cela pour enrichir quelques spécu-
lateurs qui se moquent considérablement
des sites enchanteurs et ne connaissent que
les *Catherine* (les billets de banque russes
de cent *roubles!)*

Nous sommes donc probablement parmi
les derniers touristes qui auront vu la cascade d'Imatra dans toute sa sauvagerie.
Aussi je demande à mon respectable caissier de vouloir bien acheter la photogra-
phie. Généralement je fais ces acquisitions
à Paris : les épreuves sont meilleures et
on ne craint pas de les froisser en route;
mais comme ce pays n'est pas un centre de
réunion très fréquenté, peut-être cette pho-
tographie manque-t-elle, et il serait trop

7*

tard l'année prochaine pour la prendre.

L'heure du départ a sonné et je me promets de ne jamais revenir en Finlande, pour ne pas voir la vierge du désert déshonorée... et puis parce qu'on n'a pas toujours le temps d'aller se promener à Imatra.

Les petits chevaux galopent, mais il n'y a plus de montagnes à descendre : c'est fâcheux.

Nous sommes au bord du lac Saïma, dont la seule issue se trouve précisément à Imatra : un bateau à vapeur nous reçoit et il nous faut plusieurs heures pour regagner le chemin de fer.

Quel contraste avec les petits lacs que nous parcourions hier : c'est une véritable mer intérieure, bordée partout par des sombres sapins qui donnent à l'eau un reflet noir; je crois du reste que les Finlandais l'appellent la mer noire. Mais les horizons sont très beaux et je ne déconseillerai à personne de faire cette excursion, surtout pour ceux qui aiment les fontaines lumineuses. (Je parle pour l'année prochaine.)

Avant minuit, nous étions rentrés à l'hôtel de l'Europe, après avoir dîné en chemin de fer, et je crus dormir sur un lit de roses!

Comme quoi tout n'est que contraste en ce bas monde!

23. — Pour nous reposer, nous remontons en bateau : cette fois, c'est pour aller à Cronstadt, où nous ne verrons pas la flotte française, pour la bonne raison qu'elle est partie depuis quinze jours.

— Comment n'avez-vous pas profité de cette occasion et n'avez-vous pas avancé votre départ pour la Russie de quelques semaines? — D'abord parce que, dans ces moments-là, les hôtels sont encombrés et qu'on ne sait plus où se nourrir. De plus, l'année dernière, j'avais vu à Villefranche notre flotte revenir de Corse en escortant le Président de la République, et je doute que le spectacle eût été plus beau à Cronstadt, les gros navires étant obligés de rester en dehors de la rade, tandis qu'à Villefranche la flotte put entrer dans le port; nous ressentions l'ébranlement que produisaient dans l'air nos gros canons, tellement nous étions près des cuirassés... Enfin, deux jours avant mon départ pour Saint-Pétersbourg je ne me doutais pas que je quitterais Paris.

J'espère, cher interrupteur ou chère interruptrice, que mes raisons vous paraîtront suffisantes pour excuser mon manque de zèle à manifester. — C'est une rage en France que de manifester!

Nous sommes installés sur le roufle du bateau, et, de là, grâce à un soleil splendide, nous voyons se dérouler devant nous le panorama de Saint-Pétersbourg. Magnifique tableau que je ne peux pas comparer à celui de la Corne-d'Or (je n'ai vu Constantinople qu'au diorama des Champs-Élysées); mais il faut que ce dernier soit beau pour surpasser celui de cette grande ville dont les coupoles dorées et les flèches argentées s'effacent trop tôt dans la brume.

Retournons-nous du côté de Cronstadt : de toutes parts des forts surgissent de la mer : quelle belle rade si l'eau était assez profonde !...

Voilà bien une autre histoire ! Nous débarquons au moment de l'office et tous les restaurants sont fermés !

Il me fallut une diplomatie extraordinaire pour introduire notre bande (nous avions retrouvé les voyageurs d'Imatra), par un petit escalier sombre, dans une chambre à coucher qui nous servit de salle à manger.

On nous donne certains petits pains chauds remplis de je ne sais quel hachis de poisson. Croyez-moi : méfiez-vous de ce plat; à notre retour il causa bien des désagréments à des pauvres dames, à Madame Pirrouitte entre autres, ou du moins à celle que je supposais être Mme Pirrouitte. Pauvre dame ! elle ne se doutait pas que la

mer deviendrait houleuse, et alors, malgré
la toute petite demi-heure que nous avions
à rester sur le bateau pour aborder aux
environs de Péterof, ce fut la désolation
des désolations dans le groupe féminin !
N'ayant pas rencontré à Paris Mme Pirrouitte, je lui envoie toutes mes condoléan-
ces qu'elle voudra bien accepter dans le
cas où mon petit livre tomberait sous ses
yeux.

Nous avions quitté précipitamment Cronstadt, les choses curieuses n'étant pas faites
pour les civils. (Je ne pense pas qu'on nous
aurait laisser visiter les forts sur notre
bonne mine.)

« Petite pluie abat grand vent », dit le
proverbe, ce qui veut dire que la pluie nous
prit au beau milieu de notre promenade
dans le parc du palais de Péterof. Cette
grande masse rouge précédée de cascades
surmontées de statues dorées nous parut
insipide au milieu de l'averse et nous nous
hâtions de quitter le palais impérial pour

regagner la gare et rentrer dîner à Saint-Pétersbourg.

Sur le quai d'embarquement nous rencontrons deux Français connaissant l'avoué, et nécessairement le calme de la gare est troublé par cette rencontre inattendue. (On croirait qu'il est plus facile de se retrouver sur le boulevard qu'à Péterof; vous voyez que c'est une erreur.)

Nous nous divisons pour prendre le train et l'on se réunit à l'hôtel après dîner. Mais les amis de l'avoué ayant fini leur repas les premiers viennent nous rejoindre; je me lève par politesse; l'un de ces messieurs prend ma place et je finis mon dîner par cœur.

Siertah en riait encore deux heures après; moi, je ne riais pas du tout.

La conversation roule sur la promenade à Imatra, ce qui me remet en mémoire que j'ai vu près de Viborg, voyageant sur notre bateau, une grande jeune fille; non pas une blonde au nez retroussé, comme un grand nombre de femmes russes, mais une brune au nez aquilin, avec des yeux clairs et froids comme de l'acier : les beaux yeux!

« Pardonnez-moi, Monsieur, j'ai pris votre place. Vous aviez fini de dîner, n'est-ce pas? — Certainement. »

Non seulement cet excellent homme (je ne lui en veux pas), m'avait supprimé la moitié de mon repas, mais il m'arrachait au doux souvenir de ma belle Finlandaise... Et Siertah était malade de rire, le mauvais cœur!

24.—Nous partons ce soir pour Moscou et nous n'avons encore vu ni les écuries impériales ni le Palais d'hiver.

« Rien ne sert de courir : il faut partir à point ». Et Siertah me réveille trop tôt pour aller voir les écuries qui ne pouvaient être visitées qu'une heure plus tard, précisément au moment du déjeuner. Je ne tenais pas à faire comme la veille et rester à jeun vingt-quatre heures. Généreusement, par remords, je veux le croire, Paul me sacrifia les écuries et voitures pour réparer les désordres de mon estomac délabré.

Nous devions trouver d'autres voitures à Moscou; la seule à voir à Saint-Pétersbourg était celle qu'avaient criblée les bombes des nihilistes; nous en fîmes notre deuil.

Les amis de l'avoué n'étaient pas à l'hôtel; je déjeunai tranquille, et, munis de nos permissions, nous gagnons le Palais d'hiver en passant sous l'arcade qui ferme la place où se trouve la colonne d'Alexandre, gardée en bas par un vieux grognard, en haut par saint Michel.

Le Palais d'hiver qui peut être très beau extérieurement vu par un temps de neige, ressemble en été à une brique aux proportions colossales. J'admets le badigeon, mais faudrait-il au moins peindre à plusieurs tons! On nettoyait les colonnes dans une partie du château, et ces colonnes avaient pris un ton clair; aussitôt l'aspect de ce côté changea ; il avait une élégance qui montrait davantage le mauvais goût de cette masse rouge qui lui faisait pendant.

Pour l'intérieur, je reconnais que les salles de réception, fort nombreuses, sont d'un beau style, genre Louis XIV, et plusieurs parmi elles sont curieuses avec tous leurs plats accrochés aux murs. En Russie, il est d'usage d'offrir le pain et le sel à ses hôtes, et vous comprenez que lorsque c'est une ville qui reçoit son souverain, ce n'est pas sur une vulgaire assiette que l'Empereur prend le pain ni dans une salière ordinaire qu'il goûte le sel ; et, comme il visite souvent ses sujets, les plats en métaux précieux s'entassent dans les galeries du Palais d'hiver.

Les salons de réception sont donc dignes du maître et, lorsqu'ils sont éclairés et garnis de riches uniformes, comme en ont beaucoup d'officiers russes, ils doivent offrir un très beau coup d'œil.

Si nous descendons dans les appartements particuliers, je n'ose plus donner mon opinion ; mais je connais plus d'un petit entresol de Paris qui n'accepterait pas les meubles impériaux.

J'avais remarqué que des grilles séparaient quelquefois une chambre en plusieurs compartiments et je n'avais pu me faire expliquer le mystère, les valets de pied ne parlant pas français. Je ne sais si ce n'est pas dans le livre de Théophile Gautier que j'ai appris l'usage de ces sortes de confessionnaux. Quand on ne veut pas se mêler à la conversation générale et que l'on préfère causer en particulier, on va dans le petit coin. Merci, M. Gautier !

Les valets de pied ne parlaient pas français, mais par contre ils se succédaient avec une rapidité navrante, pour notre bourse ; on passait dans les mains d'un valet de chambre de l'empereur pour retomber dans celles d'un domestique de l'impératrice ; puis c'était le gardien de la bibliothèque, celui de la salle à manger...

Celui-là se livra même devant nous à une mimique extraordinaire : il se baissait, se redressait, levait les mains au-dessus de la tête et imitait par ses éclats de voix mon feu d'artifice en retard, qui m'avait si bien réveillé à Dantzig : « Da, da, lui dit Sier-tah! — Que vous a-t-il expliqué, Paul? — Je n'ai rien compris du tout, mais je commençais à m'effrayer de ses gestes désordonnés. »

Depuis, nous avons deviné : c'était la salle à manger sous laquelle les nihilistes avaient ménagé une mine pour faire sauter l'Empereur. Il est quelquefois bon de se mettre en retard, ce qui arriva ce jour-là : la salle s'effondra à l'heure précise où le souverain devait se mettre à table, mais un retard de quelques minutes, une conversation avec un ambassadeur, je crois, sauva les jours d'Alexandre, tandis qu'une quinzaine de personnes déjà entrées dans la salle étaient tuées sur place.

En passant, je salue un Horace Vernet;

mais il se fait tard et il nous reste à peine le temps de prendre une calèche pour faire le tour des Iles. Siertah a renoncé au *drojki* à cause de la pluie menaçante.

Pauvres Iles! elles étaient désertes, et je comprends qu'elles soient en hiver le rendez-vous de la belle société. Elles sont délicieuses et la vue que l'on a de la *Pointe* (l'allée des acacias de Saint-Pétersbourg) est ravissante même dans la solitude, grâce à l'aspect du golfe dont les eaux viennent caresser les gazons foulés par les plus jolis pieds de l'aristocratie russe.

En hiver, il est très... comment dit-on aujourd'hui?... il est très *vlan* d'aller la nuit aux Iles dans son traîneau, et les Russes auraient pitié de nos noctambules Parisiens qui rentrent se coucher avant le lever du soleil.

Je commençais à m'habituer aux grandes maisons de Saint-Pétersbourg, et il faut partir; ainsi va le monde! Seuls ils ont une existence tranquille les pigeons qui voltigent sur les places de la capitale; ils sont respectés en souvenir du Saint-Esprit et passent leur vie à s'engraisser, grâce aux marchands qui se feraient un scrupule de ne pas leur servir leurs repas à heures fixes.

En fait de repas, je m'offre pour mon dernier dîner à Saint-Pétersbourg un potage Stchi-aigre, vulgairement Chou-aigre; c'est mangeable, à condition de ne pas y ajouter la sauce à la crême que m'offrait le domestique.

Et maintenant, en route pour Moscou!

V.

MOSCOU. — NIJNI-NOVGOROD

CHAPITRE V.

Installation des wagons. — Une station mobile. — Le
Kreml. — La croix russe. — Églises, tour d'Ivan. —
L'exposition française.—Le café Yard.—Mlle Touminet.
— Le trésor.— La porte Spassky.— Saint-Basile.— Les
tramways.—L'hermitage.—La foire de Nijni. — Sterlet.
—Vues.—Le Volga et l'Oka.—Les cuisines populaires.
— Les.., water-closets. — Paris centralisateur. — Bras-
series, chœurs de femmes. —La Marseillaise. —Retour
à Moscou.

24 (suite). — Les wagons sont excellents
et préférables encore à ceux que nous avons
occupés jusqu'ici. Les premiers se compo-
saient de compartiments à six places pouvant contenir six lits, quatre dans le bas
(trois en longueur, un en travers) et deux
dans le haut, avec porte donnant sur un
couloir terminé par un cabinet de toilette
et une terrasse. Les derniers sont un dor-
toir unique ou à deux compartiments con-

8

tenant une quinzaine de fauteuils isolés les uns des autres et placés sur trois rangs. Bien entendu le mécanisme de ces fauteuils permet au voyageur de se faire un lit confortable, et la trépidation n'est pas sensible.

Pendant ces longs trajets en chemin de fer, j'avais pris l'habitude de me lever en même temps que le soleil pour ne pas perdre la vue de paysages que je ne reverrai probablement jamais de ma vie. Malheureusement cette vue n'est pas variée; ce sont des grandes forêts de sapins et de bouleaux. Quelle solitude! Je n'ai pas aperçu trace de gibier une seule fois; cependant, en hiver, on chasse l'ours et l'élan dans les environs de Moscou.

Sortez-vous d'une forêt, vous entrez dans une de ces plaines immenses dans lesquelles la Brie et la Beauce réunies danseraient à l'aise : ces plaines paraissent cultivées, et cependant il est bien rare d'apercevoir un laboureur; c'est le travail de mains invisi-

bles, comme disait je ne sais plus quel
auteur.

25. — A mon réveil, je peux considérer
une station mobile : a-t-elle été installée
pour l'exploitation de la forêt? C'est proba-
ble; elle se compose de trois wagons com-
muniquant entre eux, installation primitive,
et des piles de bois sont entassées à l'entour.

Puis les cantonniers au bonnet fourré et
à la blouse serrée à la taille nous regardent
passer flegmatiquement et nous présentent
les armes avec leur grand bâton dont je ne
m'explique pas l'usage.

A six heures du matin, nous arrivons à
Twer, ville importante dont les coupoles
se détachent dans le brouillard; mais la
ligne du chemin de fer passe loin de la ville.

Les uns prétendent que le tzar n'a pas
voulu rapprocher les chemins de fer des
grandes cités pour éviter un contact trop
rapide avec la civilisation; d'autres racon-
tent que les ingénieurs n'étant pas d'accord

sur le tracé, le tzar prit une règle et dessina une ligne droite de Saint-Pétersbourg à Moscou.

Nous traversons des forêts incendiées, accident fréquent avec des locomotives qui ne prennent aucun soin pour ne pas envoyer leurs étincelles dans tous ces bois de sapins; on en est quitte pour défricher, quand il y a des bras en suffisante quantité; précisément c'est ce qui manque le plus souvent; la population russe est considérable mais les territoires qu'elle occupe sont immenses.

Voici Moscou! Il est dix heures du matin : douze heures de chemin de fer, ce n'est pas la peine d'en parler!

Un ami de Siertah nous attend à la gare. Monsieur N***, représentant d'une grande maison de Paris à l'exposition de Moscou: grâce à lui, notre séjour nous parut trop court dans la vieille capitale russe et je suis heureux de lui faire tous mes remercîments.

L'aspect de Moscou est tout différent de celui de Saint-Pétersbourg; c'est la ville marchande qui, malgré ses quartiers neufs, a gardé un cachet ancien.

Et puis il y a ce Kremlin (*Kreml*, pour être correct), qui vaut à lui seul un voyage en Russie. Ses murailles de briques rouges sont une trouvaille : hautes et crénelées, elles sont reliées par des portes surmontées de tours carrées recouvertes de toits pointus : les tuiles, d'un vieux vert de faïence, font rêver aux pagodes chinoises.

Voilà pour l'extérieur; quant à l'intérieur, c'est une agglomération d'églises, de couvents et de palais d'un aspect étrange quand on les voit du dehors, mais d'une richesse inouïe si l'on franchit le seuil.

Je remarque tout d'abord que la croix qui surmonte les églises se termine à la base par un croissant au lieu d'une simple barre, comme je la trouvais partout à Saint-Pétersbourg. Est-ce une allusion au triomphe du christianisme sur la religion de Mahomet? C'était l'avis de Théophile Gautier; pour mon compte, j'approuve l'idée mais ne suis pas assez versé dans l'étude des livres sacrés pour soutenir la thèse.

Avant de passer par l'une des portes du Kremlin, nous apercevons l'image de la Vierge entourée d'un nombreux luminaire.

Cette image est en grande vénération, et les malades riches la font transporter à leur domicile. Lorsque le déplacement de la Vierge a lieu, un pope vient la chercher dans un équipage à cinq chevaux : les postillons sont tête nue, quelque temps qu'il fasse.

Mais entrons dans le Kremlin; nous traversons des grandes cours; le long des murs sont amassés des canons pris sur l'ennemi, et, plus d'une fois, je vois l'N impériale quand je ne trouve pas gravée la légende « République française. Une et indivisible ». Hélas! Napoléon avait semé quelque peu son artillerie en quittant Moscou!

A côté de ces trophées, voici d'énormes pièces russes remarquables par leurs cise-

lures; on pourrait se loger dans l'une
d'elles; ces canons me rappellent ceux des
Invalides. Enfin nous tournons autour de
la reine des cloches; elle pèse plus de deux
cent mille kilogrammes et a six mètres de
haut. Mais aucune charpente n'a pu la con-
server; deux fois, par suite d'incendies,
elle est tombée à terre, et, aujourd'hui, on
a renoncé à la réinstaller. Elle dort tranquillement et ses vibrations ne réveillent
plus Moscou. On peut se promener à l'intérieur, une forte brèche l'ayant entamée à
sa dernière chute.

Puis nous visitons les églises: l'Assomp-
tion, l'Annonciation, l'Archange Michel;
c'est dans la première que se fait le cou-
ronnement des empereurs.

Si vous voulez une description détaillée
de toutes ces églises, je me permettrai de
vous renvoyer aux derniers livres parus sur
la Russie: vous y trouverez une étude complète de l'histoire et des monuments de ce
grand empire. Mais moi qui passe, je ne

puis que vous donner mon impression fugitive.

Comme richesses, c'est toujours cette accumulation de plaques d'or, d'argent, ces encadrements de diamants et de pierres précieuses, mais plus nous descendons dans le Sud, plus les peintures deviennent (toujours à mon avis), de plus en plus remarquables.

Monsieur N*** me propose l'ascension de la tour Ivan, la tour la plus élevée de Moscou : 82 mètres pour un Parisien qui a escaladé la tour Eiffel, c'est une plaisanterie.

Nous montons trois étages, véritables magasins de cloches : elles sont là une trentaine, dont la plupart d'une grosseur fort respectable. Nous sommes arrivés. Quel spectacle admirable que cette ville de Moscou avec ses forêts de coupoles et de minarets brillant au soleil comme des escarboucles! Ajoutez la couleur originale que donnent les toitures des maisons, toitures peintes les unes en vert clair, les autres en

rouge vif, et les façades aux couleurs généralement très tendres ; les yeux se noyent
dans cet océan lumineux qui rappelle un
immense champ de blé rempli de coqueli-
cots et de bleuets : les bleuets, ce sont les
coupoles peintes d'un bleu indigo ; elles
émergent de côté et d'autre au milieu de
dômes dorés, platinés, et se fondent dans
l'azur du ciel. C'est merveilleux, et, sans
mon compagnon qui craignait pour nous
deux les courants d'air de la tour, je serais
resté là toute la journée.

Siertah, un peu fatigué, avait renoncé à
cette ascension, mais il fut dédommagé
quelques jours après en allant à la Montagne des Moineaux ; le panorama est également très beau ; nous en parlerons en
temps et lieu.

De la terrasse du Kremlin qui domine la
ville on a déjà, du reste, un fort joli point
de vue sur la Moskwa.

Nous quittons à regret la vieille forteresse, nous promettant d'y revenir le len-

demain pour visiter les palais; et, passant par la porte qui vit entrer Napoléon au Kremlin, nous arrivons à l'église du Sauveur, élevée en mémoire de nos défaites.

Récemment inaugurée, cette église avec son grand dôme entouré de quatre clochetons a grande apparence, et l'intérieur est en rapport avec ses belles façades; mais les peintures modernes ne me font pas oublier l'École byzantine.

Le temps passe; quittons les églises et courons à l'Exposition française qui est en dehors de Moscou.

Le but de cette exposition était de montrer à la Russie nos véritables produits, odieusement contrefaits... vous savez par qui! Je n'ai pas besoin de dire que l'Exposition a parfaitement réussi à ce point de vue. On retrouve tout le goût que les exposants français savent mettre dans l'installation du bibelot parisien.

Mais... il y a un *mais*, grâce à l'incurie (pour ne pas dire plus), d'un certain banquier qui s'était occupé du côté financier, le succès a été médiocre, si bien que l'Exposition faillit ne pas ouvrir, le banquier ayant intéressé un juif dans l'affaire ; et les juifs, il faut bien le dire, ne sont pas précisément en odeur de sainteté auprès de l'Empereur.

Il y a donc eu beaucoup de tiraillements qui ont nui au succès de cette exposition.

Nous dînons là et prenons le café au Pavillon maure ; naturellement on retombe dans un de ces bazars qui ont inondé notre dernière Exposition de Paris ; chants mauresques, danse du ventre, plaisanteries de Belleville !

Peu satisfaits, nous nous dirigeons vers le théâtre. On se croirait à la Cigale du boulevard Clichy ; ce n'est pas meilleur ; ce n'est pas plus mauvais.

Un peu dégoûtés, nous prenons une voiture qui nous conduit à un café de nuit, le fameux Yard.

Là, les nuits se passent à entendre chan-

ter tantôt une étoile, tantôt un chœur.
(Louer le chœur pour le faire chanter en
cabinet particulier est un luxe fort à la
mode.) Les tables sont envahies par les
chanteuses qui ne sont pas sur la scène,
d'où un certain laisser-aller de la part de
ces dames qui ont une soif extraordinaire.

Mais ne vous y trompez pas; dans la
salle commune ou en cabinets particuliers,
les choses ne vont pas plus loin; cela par
ordre supérieur, et le patron ne se risque-
rait pas à enfreindre un pareil ordre.

J'avoue ne pas avoir été émerveillé, malgré les beaux yeux de Mademoiselle Touminet et autres célébrités.

Je dirai tout bas que Mademoiselle Touminet (c'est un nom que nous lui avions
donné, ne pouvant pas prononcer le sien
en russe), était au mieux avec un Français
que nous rencontrons, et notre passage
dans ce café fut une grande consolation
pour le couple amoureux : le Français savait quelques mots de russe, mais Made-

moiselle Touminet était danoise et écorchait
un peu l'allemand, de sorte que les conver-
sations n'étaient pas faciles.

Ce fut donc Siertah qui devint l'interprète de tout le monde, et, pendant deux
heures, nous pûmes causer tous ensemble;
à l'un Siertah parlait français, à l'autre il
répondait allemand; je crois même qu'il
eût un instant l'occasion de causer en espa-
gnol. Quel professeur de langues vivantes
que mon ami Siertah!

Décidément le volapük a du bon, mais,
ce qui serait beaucoup plus simple, ce
serait d'entendre tout le monde parler
français.

Après avoir suffisamment sablé le champagne (de Bessarabie), nous rentrions à
l'hôtel dans un *drojky* aux roues caout-
choutées; c'est tout ce qu'il y a de plus
distingué, et, de plus, les roues de caout-
chouc adoucissent les cahots du pavé.

Enfin, à trois heures très passées, je
soufflais ma bougie.

26. — Cette vie de polichinelle ne nous empêchait pas de nous lever le lendemain de bonne heure pour retourner au Kremlin. Nous visitons le trésor : nouvelles montagnes d'or et d'argent ; mais certaines collections sont plus curieuses par les objets rares qu'elles renferment. Il y a, entre autres, les couronnes, les trônes, les manteaux impériaux qui ont servi au sacre des empereurs, et l'on trouve là les spécimens les plus curieux de la bijouterie russe. N'oubliez pas d'examiner de près le trône de je ne sais plus quel empereur : ce trône en ivoire est un bijou.

Pendant que Siertah consultait son guide Bædeker, un monsieur de nous parfaitement inconnu s'approche et demande quel est le livre que nous avons dans les mains ; il s'éloigne, en se confondant en salutations, après s'être assuré que ce livre n'était qu'un Guide.

(Rappelez-vous que je vous ai engagés à n'emporter avec vous que des *Guides*.)

La collection d'armes et d'armures est digne également d'attention. Enfin, dans les salles du rez-de-chaussée, au milieu des voitures de toutes époques dont une a été peinte par Boucher, et l'autre, véritable maison ambulante, a servi à transporter Catherine de Saint-Pétersbourg à Moscou pour le sacre, je trouve dans une vitrine un service complet de Sèvres, offert par Napoléon Ier, souvenir très original puisqu'il a été fait avec les souvenirs de la campagne d'Égypte et est entièrement orné dans le style des Pharaon. A ce moment-là on flirtait entre souverains; mais le lit de campagne du même empereur, cueilli pendant la retraite de Russie, est installé près de la vitrine, ce qui prouve que les jours se suivent et ne se ressemblent pas.

En sortant du Kremlin, où nous laissons l'avoué visiter les palais (pour notre compte nous étions rassasiés des ameublements impériaux), nous passons par la porte de

Spassky, celle que représente la couverture de mon livre.

Fort heureusement pour notre dignité, personne ne se trouvait sur notre passage, car le dernier des *moujiks* qui nous aurait croisés aurait envoyé nos chapeaux voler dans l'espace.

L'image du Sauveur qui orne cette porte est tellement vénérée qu'il faut se découvrir devant elle...

Sapristi! on prévient!...

A propos de salutations, nous n'avons pas l'habitude, à Paris, de nous découvrir en entrant dans un magasin ou dans un café. En Russie, on doit toujours ôter son chapeau, non pas pour les consommateurs qui sont là, mais pour l'*icone* que l'on apercevra perchée dans quelque coin de la salle, éclairée ou non par une petite veilleuse.

Cet usage est tellement général qu'un Russe venant vous faire une visite commence par saluer l'*icone*, et, si vous avez négligé d'installer une sainte image dans votre appartement, le visiteur se trouve tout interloqué et ne sait plus à qui faire sa première salutation.

N'importe ! notre couvre-chef l'avait échappé belle, mais je n'eus pas le temps de penser à cet incident lorsque, après avoir franchi la porte de Spassky, je me trouvai en face d'un monument absolument fantastique : c'était l'église de *Wassili Blagennoï*, vulgairement Saint-Basile.

Les Français, nés malins, l'ont surnommé l'*Artichaut*, et, ma foi, il y a du vrai dans cette dénomination; comme tons d'abord, c'est bien le vert de l'artichaut, mais d'un artichaut à moitié grillé par le soleil; ensuite, comme forme, c'est un plat de petits artichauts que toutes ces coupoles plus ou moins déformées et ayant les couleurs de l'arc-en-ciel; le tout dominé par un grand clocher octogone terminé par une boule d'or en forme d'oignon : ce clocher a lui-même comme base une tour indienne ; et tout cela mélangé avec des escaliers italiens, des portes turques, des peintures à fresque sur toutes les murailles !

Saint-Basile serait, dit la légende, le travail d'un architecte italien dont le nom est resté inconnu : il n'eut pas le loisir d'en faire une nouvelle édition, ayant eu le grand tort de répondre orgueilleusement au tzar de ce temps-là (probablement Ivan le Terrible) qu'il était capable d'entreprendre mieux encore. Ivan, qui n'aimait pas la contrefaçon, fit crever les yeux de l'architecte, et voilà pourquoi Saint-Basile est un monument unique dans le monde ! — « Oh ! mon Dieu ! c'est bien simple ! » répèterait Gil Pérès.

L'intérieur, qui est une série de petites chapelles, a été dépossédé de ses trésors, ce qui lui ôte beaucoup d'intérêt.

Mais il est temps de déjeuner, et, en attendant qu'on nous serve, nous nous amusons à pêcher des sterlets... dans le réservoir de la salle à manger.

Pour prendre un peu l'air de la campagne, Monsieur N*** nous propose de monter en tramway (des tramways, ô civilisation peu poétique!) pour aller à la montagne des Moineaux.

L'idée fut malheureuse. Notre compagnon, arrivé à Moscou depuis trois mois, n'était pas très ferré sur la langue russe, de sorte que nous nous embrouillons dans nos explications avec le conducteur du tramway et nous nous trouvons à pied, après avoir traversé le pont, sans pouvoir continuer notre route. Un *gardavoine*, pardon un *gardevoï* veut nous venir en aide : c'était tomber de Charybde dans Scylla.

Je me consolai facilement : en revenant sur nos pas, nous avions devant nous la vue du Kremlin, et la Moskwa coulant majestueusement à ses pieds : encore un délicieux tableau !

Mais, avec nos erreurs de circulation, la journée avait passé : Monsieur N*** nous propose d'abandonner l'hôtel et d'aller dîner à l'Hermitage, le restaurant à la mode; proposition qui est acceptée à l'unanimité.

On appelle un *drojky* (il est rare d'aller à pied en Russie) et nous voici à l'Hermitage.

Le service est fait par un personnel habillé tout en blanc (et les costumes n'ont pas des taches de graisse comme les habits de certains maîtres d'hôtel français.) Le repas est bon puisqu'il est à la française; les tziganes, installés aujourd'hui dans plusieurs restaurants de Paris, sont remplacés par un orchestre qui ne fait jamais de fausses notes, celui-là, à moins d'être détraqué : c'est un grand orgue mécanique, et je frémis en pensant aux chevaux de bois de Dantzig. Mais malgré son arsenal d'instruments de cuivre, le nôtre est raisonnable, et, surtout, on ne le remonte pas trop souvent.

C'est à peine si nous avons le temps de

prendre le café; le train part à dix heures pour Nijni-Novgorod; il est déjà neuf heures passées et la gare est à l'autre bout de Moscou; aussi prenons-nous un *drojki* caoutchouté qui nous dépose à temps à l'embarcadère.

Les portes n'ouvrent qu'au dernier moment et tout le monde se bousculant pour passer en première ligne, il faut éviter cet encombrement, ce qui est très simple. Vous donnez vos bagages à un employé à blouse blanche et c'est lui qui joue des coudes à votre place.

La bande d'Imatra nous ayant rejoint, et la foule étant considérable à cause de la foire de Nijni, nous craignions d'être séparés; mais nous comptions sans notre employé qui finit par nous caser tous ensemble; ce n'était du reste qu'un trajet de douze heures, le temps de faire un somme sur un bon fauteuil bien élastique!

Je dormis comme une souche et me réveillai aux environs de Nijni-Novgorod, après avoir passé la nuit aussi tranquillement que dans mon lit... de Paris.

17. — Il est dix heures du matin quand nous descendons de wagon; nous nous assurons d'un guide pour nos compagnons; en ce qui nous concerne, nous en avions moins besoin, ayant une recommandation pour un commerçant français, ami de Monsieur N***, lequel nous reçut de la manière la plus cordiale ainsi que sa charmante femme... — Je vous y prends, me dit Siertah, vous voyez que la France n'a pas le privilège du sexe enchanteur... — Je vous répondrai que Madame F*** est une Parisienne, installée seulement depuis son mariage, à Moscou... Ah! Qu'avez-vous à répliquer?... Rien... Je vous ferai remarquer de plus que vous me faites dire ce qui n'est pas dans ma pensée. Je n'ai jamais voulu soutenir que les Françaises seules pouvaient être aimables; j'avoue uniquement que je les préfère aux autres, pas davantage! On peut être chauvin sans être ennemi de l'étranger, surtout en pays allié.

Monsieur F*** s'excuse de nous recevoir dans ce qu'il appelle sa soupente, mais les logements à la foire de Nijni sont essentiellement provisoires et... hors de prix.

On se donne rendez-vous pour l'après-midi et nous rejoignons nos compagnons à l'hôtel; on nous servit nécessairement un sterlet qui était, je le reconnais, d'une chair très délicate.

Puis nous gagnons en voiture la ville de Nijni, elle se trouve de l'autre côté de l'Oka, tandis que la foire se tient sur la rive gauche qui devient une ville morte après la fermeture, et cela, pendant onze mois.

On monte ferme pour arriver à Nijni, et, tout le temps de la montée, nous nous croisons avec les costumes les plus pittoresques et les attelages les plus baroques.

Je dépose à la poste une lettre à l'adresse de mes fils pour les prévenir que je suis à

Nijni et aussi un peu pour leur montrer que je pense à eux; de là nous descendons de voiture à un premier point de vue : celui qui donne sur l'Oka, et nous pouvons voir de loin cette foule cosmopolite qui fourmille sur le champ de foire.

Nous passons au second point de vue après nous être arrêtés à l'église où je trouve, dans la chapelle souterraine, une série de peintures dont un immense triptyque contenant des centaines de personnages minuscules, le tout d'une finesse remarquable. Malheureusement tous ces tableaux sont noircis par la fumée des cierges que le sacristain approche sans la moindre précaution.

Le second point de vue, celui-là sur le confluent de l'Oka et du Volga, est très curieux; le Volga est couvert de gros bateaux remplis de marchandises, et les grands vapeurs faisant le service de Kazan sont rangés le long des quais.

L'horizon est vaste, et la vue de la terrasse de Saint-Germain semblerait misérable à côté de ces plaines bordées au lointain par des forêts immenses.

On redescend pour traverser de nouveau l'Oka sur un pont long de plus d'un kilomètre et nous nous hâtons de retrouver Monsieur F***, non sans lancer un dernier coup d'œil au spectacle que donne cette population si variée qui sans interruption passe et repasse sur ce pont.

Que de costumes! que de couleurs! Une femme du peuple est heureuse lorsqu'elle peut s'habiller de la manière suivante : la jupe rouge vif; le corsage vert, à faire grincer les dents; le foulard jaune et des bottes; l'homme, généralement a la chemise rouge par dessus le pantalon, les grandes bottes et la casquette noire. C'est par milliers que se croisent sur l'étroit passage des gens de tous les pays. Cependant l'habit européen domine déjà et je crois bien que la foire de Nijni est à son déclin.

Il est si facile actuellement de corres-

pondre par le télégraphe et de faire directement ses affaires avec les pays de pro-
duction!

Ce mouvement de population m'a plus
frappé que l'installation de la foire elle-
même; on croit trouver des barraques construites pour la circonstance, comme à la
fête de Neuilly ou de Saint-Cloud, tandis
que la ville est entièrement bâtie avec une
régularité désespérante. Comme aux bains
de mer, on ferme après la saison. Au centre
de ce faubourg on a même élevé un grand
bâtiment qui est le rendez-vous des flâ-
neurs, et l'on se bouscule pour entendre la
musique.

Le seul coin original comme barraque-
ments, c'est le quartier des saltimbanques:
là nous retrouvons les constructions éphé-
mères de la femme géante, de Bilboquet et
autres pitres; il y a, de plus, les cuisines
populaires bâties avec tout ce qui peut
tomber sous la main. Les clients mangent
sous des auvents et la cuisine se fait à peu

près en plein air ; quels clients ! quelle nourriture !

Un autre détail assez bizarre de Nijni, ce sont les... je suis bien embarrassé pour faire cette description... ce sont les... water-closets. Il n'y en a pas dans les rues, mais on les trouve sous la ville, et dans quelles conditions !

Descendons, si vous osez, par un de ces escaliers en escargot qui surgissent de terre par ci, par là ; n'ayez crainte pour l'odorat : de forts courants d'eau phéniquée vous épargneront la mauvaise odeur.

Nous voici dans un souterrain assez large qui fait le tour de la ville, et, sur une marche qui se prolonge tout le long des couloirs, sans la moindre séparation pour personnes du même sexe, chacun fait face aux passants et... parbleu ! devinez le reste !

Cependant les marchands riches louent un petit établissement dont ils emportent la clef ; mais c'est l'exception.

Hâtons-nous de remonter dans la rue.

C'est dimanche, de sorte qu'un grand nombre de magasins sont fermés ; nous avons pu toutefois faire quelques acquisitions ; mais sans l'obligeance de notre cicerone, nous aurions payé les objets au moins le triple de leur valeur, objets que nous retrouverons presque tous dans les magasins de Paris.

Que de peine pour découvrir quelque chose d'original, quelque bibelot qui ne se vende pas chez nous !

Et puis, après avoir bien peiné pour acheter des foulards d'une finesse excessive, des broches, des poignards, qu'ai-je vu, en rentrant à Paris ? Un dépôt de toutes ces raretés... en plein boulevard ! C'est à désespérer !

Il en fut de même pour mon frère qui m'écrivait de Péking : « Que peut-on rapporter ? Nous avons tout cela à Paris, et souvent moins cher ! » Sans compter les ennuis de la douane, les retards dans les envois et la difficulté de discuter les prix.

Un exemple, histoire toute récente, sur les tracasseries de la douane française.

Mon frère revenant de faire le tour du monde, avait expédié des bibelots chinois ; lorsqu'il les réclame à Paris, après avoir expliqué qu'il n'a pas l'intention de faire du commerce et que tous ces objets sont destinés à être donnés, on lui fait écrire cette déclaration, sous la dictée de l'employé : « Objets hors commerce ». On ouvre la malle et on voulait le poursuivre pour fausse déclaration, parce que, dans sa collection, il y avait des objets qui n'étaient pas « hors commerce ».

Or savez-vous ce que la douane appelle un objet « hors commerce » ? C'est un objet qui date au moins du siècle dernier.

Vous ne le saviez pas, ni moi non plus.

Le résultat de cette centralisation parisienne que je suis loin de déplorer, c'est que, après vous être donné beaucoup de tracas pour rapporter un de ces bibelots rarissimes, vous trouvez le pendant sur l'étagère de la personne que vous espériez surprendre, et elle l'a acheté quelquefois à moitié prix…au Bon Marché ou au Louvre!

Faire des milliers de lieues pour se trouver en concurrence avec les marchands de Paris, c'est navrant… et onéreux!

C'est d'autant plus navrant que la personne à laquelle vous vouliez faire une surprise ne croit pas un mot de vos affirmations et reste persuadée que vous n'avez rien acheté là-bas, d'où, elle conclut que vous n'avez pas pensé à elle! (Les femmes ont une logique extraordinaire!)

En compagnie de Madame F***, nous nous installons dans une brasserie pour entendre un chœur de femmes; (c'est la plaie, je veux dire, la réjouissance du pays). Une vingtaine de filles habillées généralement d'un costume pareil, — celles-là étaient en jaune, — entonnent un hymne russe, allemand ou autrichien, et une seconde ligne composée de chanteurs accompagne la voix des femmes; je n'ai pas trouvé cela amusant du tout; il est vrai que je ne suis peut-être pas très bon musicien.

Le soir, au restaurant de l'Hermitage de Nijni, nous retrouvions d'autres chanteuses avec des costumes russes beaucoup plus riches, mais c'était tout aussi ennuyeux, sauf le moment où nous entendîmes des voix sortant d'un cabinet particulier et chantant la Marseillaise à gorge déployée. Notez qu'à l'ouverture de l'Exposition de Moscou, le gouverneur avait défendu de jouer notre air national!... Depuis, il y a eu la visite de la flotte française à Cronstadt, ce qui, paraît-il, aurait modifié les idées russes au sujet de la Marseillaise. — Chi lo sa? répond Siertah — Ah! Paul! je vous y prends à parler politique? — Je parle italien. — C'est différent.

Monsieur F*** voulait nous garder pour nous montrer les divertissements de la nuit (divertissements que j'ai su depuis ressembler terriblement à ceux de nos restaurants de nuit); nous eûmes le courage de résister, et, à 10 heures du soir, nous reprenions le chemin de Moscou, enchantés de notre expédition et de nos hôtes.

VI.

MOSCOU — KIEV

CHAPITRE VI.

Défense de fumer. — Les tabliers. — Le métier de chanteuse à Nijni. — Acquisitions à Moscou. — Le Samovar. — La montagne des Moineaux. — Départ pour Kiev. — Russes et Anglais. — Je manque aller à Sébastopol. — La Providence sous les traits d'une marchande de limonade. — Promenade de Saint-Vladimir à Kiev. — Le château des Fleurs. — La vierge de Lawra. — On me vole ma blague à tabac. — Les catacombes. — Les crânes suintant l'huile. — Théophile Gautier au couvent de Troïtza. — Sainte Sophie. — Le kwass, coco du pays. — Le saint Synode. — Le billet de sortie. — Encore Madame Pirrouitte. — Enterrements. — La veille du mariage. — Strella.

PENDANT que le train roule vers Moscou, Siertah me rappelle son émotion à propos de l'amende qu'il a manqué encourir dans la soirée. Il sortait de l'hôtel où nous avions dîné et fumait sa cigarette, ce qui ne vous paraît pas extraordinaire, mais ce qui était une faute grave à Nijni.

Le cocher se précipite vers lui et lui raconte en russe un tas de choses, incompréhensibles, nécessairement. Et Paul continuait à envoyer ses bouffées aux quatre points cardinaux. De guerre lasse, le cocher montre la cigarette et fait signe de la jeter, ce que s'empresse de faire mon ami, se rappelant tout à coup qu'il est défendu de fumer dans les rues de Nijni, sous peine de soixante francs d'amende. Par bonheur les gendarmes dînaient sans doute de leur côté et ne virent pas le délinquant.

Je lui rappelais à mon tour une horrible mode qui nous avait frappés d'étonnement dans la journée. Nous avions remarqué que beaucoup de femmes étaient dans un état intéressant, et, parmi elles, plusieurs avaient un air très jeune. Nous avions calomnié d'innocentes jeunes filles qui n'étaient nullement... souffrantes. Mais aussi il n'est pas permis de se fagoter de la sorte : sur leurs robes voyantes elles por-

taient des tabliers, mais au lieu d'attacher
ces tabliers à la taille, elles les nouaient
au-dessus des seins! Ma parole d'honneur,
on n'a pas de ces idées-là!

« Si vous m'en croyez, dormons me dit
Siertah : voyez nos voisins qui ronflent ».
(C'est un désagrément des chemins de fer
russes : avouer que l'on ronfle est cruel pour
une femme!)

Nos voisines étaient des chanteuses qui
avaient sans doute terminé leur saison à
Nijni et retournaient à Moscou sous l'œil
bienveillant de la police, car elles étaient
montées sans billet.

Nous savions que ce métier de chanteuse n'est pas très attrayant. Embriga-
dées, réunies dans des dortoirs, elles
chantent depuis deux heures du soir jusqu'à quatre heures du matin, et ce n'est
qu'aux bains (établissements assez libres
dans beaucoup de villes russes) qu'elles
pourraient trouver quelques distractions
le matin, si elles n'étaient pas épuisées

de fatigue après une journée si bien occupée à répéter leurs hymnes soporifiques.

Nous arrivons à Moscou en même temps
que plusieurs régiments qui viennent des
grandes manœuvres : l'artillerie me paraît
moins bien attelée que la nôtre, malgré la
qualité supérieure des chevaux.

28. — La matinée est consacrée à faire
des achats. Monsieur N***, toujours complaisant, nous pilote chez un marchand
d'orfévrerie ; Siertah achète un samovar,
l'ustensile indispensable pour avoir toujours de l'eau bouillante ; on la verse sur
le thé très fort qui remplit d'avance une
partie du verre destiné à recevoir cette
boisson si populaire en Russie.

Le samovar, si je ne me trompe pas,
c'est tout simplement l'ancienne bouilloire
avec son foyer intérieur que j'ai vue dans
ma jeunesse sur la table paternelle. Depuis on avait délaissé ce vieux meuble ;
mais, du moment qu'il a été baptisé samo-

var, tout le monde veut avoir son samovar. Ce que c'est que la mode!

Pour mon compte, je jette mon dévolu sur un petit plateau pour le pain et une salière de forme originale; mais, tous ces objets ayant été expédiés par petite vitesse, je les recevrai peut-être l'année prochaine, tandis que j'aurais trouvé des samovars et plateaux identiques à côté de chez moi, si j'avais attendu mon retour à Paris pour faire ces emplettes.

Monsieur N*** avait à cœur de nous montrer la montagne des Moineaux; nous hêlons une calèche attelée de deux beaux chevaux gris et bientôt l'hôtelier du restaurant des Moineaux nous tendait les bras.

C'est du haut de cette montagne qu'en 1812 l'armée française put apercevoir Moscou pour la première fois, et les cris d'enthousiasme qui retentirent jusqu'au Kremlin s'expliquaient à la vue de ce splendide spectacle.

Napoléon ne se doutait pas que, quelques jours plus tard, il lui faudrait fuir devant les flammes, et ensuite voir la Grande Armée disparaître dans la neige impitoyable.

Encore aujourd'hui, le climat n'est-il pas la force principale de l'armée russe, malgré les réformes militaires dont parle Madame Adam, je veux dire le Comte de Vasili?

... On me tire par la manche : « Mon ami Raoul, vous allez encore parler politique. — Vous avez raison, Paul : donc taisons-nous et commandons le dîner. — Et vous faites bien de ne pas continuer, me crie une grosse voix! » Je me retourne : c'est mon jeune confrère rencontré à Imatra! Décidément garder son incognito est chose impossible en Russie!

Pendant cette conversation, Monsieur N*** tournait et retournait la carte : « Eh bien? faites la commande, lui dit Siertah! — Je voudrais bien, répond Monsieur

N***, mais on a oublié de mettre la tra-
duction française et vous comprenez que
l'écriture courante russe est encore plus
difficile à lire que les caractères imprimés ! »

Un voisin sourit et nous tire d'embarras ; tout en dînant, nous pouvons contempler le soleil qui éclaire de ses derniers
rayons les coupoles d'or du Kremlin.

A nos pieds, la Moskwa coule à pleins
bords et nous rappelle un peu les tour-
nants de la Seine à Saint-Germain, de
même que Moscou donne une image de
Paris avec ses enceintes circulaires. —
(C'est curieux comme le Français cherche
toujours des rapprochements avec le pays
natal !)

Il fait nuit : nous redescendons par un
chemin plus ou moins accidenté, et, malgré toutes les sollicitations de notre guide
voulant nous faire visiter les cafés noc-
turnes, nous rentrons sagement à l'hôtel
pour oublier nos deux nuits de chemin de
fer.

29. — Un dernier coup d'œil à Saint-Basile, et, après avoir fait promettre à Monsieur N*** de venir nous voir à la fermeture de l'Exposition, nous partons pour Kiev.

On voit que l'on se rapproche de l'Orient : la chaleur se fait sentir, et, si la température était presque froide à Saint-Pétersbourg, nous étoufferons à Odessa.

Dans notre wagon tout le monde parle français, d'autant plus qu'une famille parisienne occupe le compartiment voisin du nôtre. Mais les Russes installés dans le reste de la voiture se mettent à l'unisson et je vois encore une fillette de cinq ans me demander en pur français le nom de la ville qu'on apercevait à l'horizon : c'était Serpuchof.

Puis nous traversons l'Oka dont nous avions vu les eaux se confondre avec celles du Volga à Nijni-Novgorod.

Cette urbanité des Russes à se servir de notre langue rappelait à Siertah l'histoire de cet officier français envoyé en mission et faisant une longue traversée sur un navire anglais. Le malheureux passager était seul de sa nationalité et, lorsque à table il voulait se faire servir, c'était un supplice pour lui. Le capitaine du navire le regardait et restait impassible. La veille du débarquement, l'insulaire s'approche de l'officier et lui dit très correctement en français : « Vous avez dû bien souffrir de ne pouvoir vous faire comprendre pendant la traversée. » L'officier tourna le dos, sans daigner répondre, à ce rustre.

Je ne m'explique pas cette grossièreté à la mode chez les Anglais. Êtes-vous à Londres? Si vous ne prononcez pas strictement les mots comme ils doivent l'être (ce qui n'est pas toujours facile), les passants affectent de ne pas comprendre et ne cherchent pas à vous tirer d'embarras, tandis que les Français se mettent en quatre pour renseigner un étranger; j'ai vu plus d'une fois un bon bourgeois prendre l'accent anglais, croyant ainsi faciliter l'explication, ce qui, du reste, rendait le dialogue complètement incompréhensible, mais burlesque.

Je ne comprends pas davantage ces Anglais, si corrects chez eux, qui choisissent les toilettes les plus excentriques et les moins convenables, les casquettes, les vestons à carreaux, pour se promener sur notre boulevard la pipe à la bouche et s'installer dans nos fauteuils d'orchestre le chapeau mou sur la tête.

Nos directeurs de théâtre devraient exiger au moins une tenue convenable, si ce n'est l'habit.

« Votre sortie contre les sujets de S.M. Victoria n'a aucun rapport avec les mœurs russes, mon ami? — Je le reconnais, mon cher Siertah, mais que voulez-vous! Ce sans-gêne britannique me porte sur les nerfs... »

Le train siffle : c'est la station de Toula; dans la campagne, on aperçoit quelques maisons de bois, mais les grandes plaines et les tristes forêts se succèdent sans interruption.

Un bel oiseau bleu s'envole près du train : C'est un rollier, me dit Siertah. — Ce rollier et deux compagnies de perdreaux, c'est tout ce que j'ai vu comme gibier en Russie pendant ce mois de voyage.

La nuit vient : on s'arrête à une grande gare, et, pendant que je bois un verre de thé, une partie du train disparaît avec mon wagon.

Après des pénibles recherches, je le retrouve sur une autre voie; bien m'en prit de ne pas sauter dans un des compartiments qui stationnaient devant le buffet, je me serais réveillé à Sébastopol.

3o. — Pendant toutes ces émotions, Siertah dormait du sommeil du juste et je suis son exemple pour me réveiller aux premières lueurs du jour aux environs de Worochta.

Mais la chaleur augmente; la soif se fait sentir et le train n'a pas de wagon-restaurant!

A un court arrêt, devant une petite station sans buffet, la Providence m'apparut sous les traits d'une jeune paysanne qui vendait de la limonade fraîche.

Je dois faire ici une confession pénible : je fus tellement heureux de me trouver en possession d'une bouteille du bienfaisant breuvage que je restai caché dans le couloir du wagon et bus gloutonnement le flacon tout entier pour ne pas avoir à le partager avec Siertah! Égoïsme!...

Pardonnez-moi, mon cher ami!... Il est vrai que vous dormiez : c'est ma seule excuse.

La locomotive continue sa marche monotone; nous arrivons à une station plus importante et l'on se promène dans la gare pour se dégourdir les jambes. Nous trouvons le buffet en chapelle ardente : le chef de gare serait-il mort et resterait-il en faction jusqu'à l'arrivée de son successeur?

Encore quelques heures et nous serons à Kiev; la campagne devient plus verdoyante et les maisons moins rares.

Voici le Dnieper, et, sur l'autre rive les coupoles dorées de Kiev (prononcez Kiff): les eaux sont basses et le pont de fer traverse de nombreux bancs de sable.

De tous côtés ce ne sont que villas ombragées d'arbres; c'est plus réjouissant pour l'œil.

A Kiev, le char-à-bancs du Grand-Hôtel nous attend et nous sommes installés dans des chambres dont les alcôves montant aux deux tiers de l'appartement ressemblent à des paravents ouverts.

Une heure reste à occuper avant le dîner et nous en profitons pour monter sur la promenade qui domine la ville.

Assis au pied de la statue de saint Vladimir, nous pouvons admirer la vue qui vaut celle de Nijni-Novgorod et a quelque ressemblance avec elle; seulement c'est le

Dnieper qui fait ses courbes gracieuses au lieu du Volga.

Nous retrouvons ces nombreux costumes déjà si abandonnés à Varsovie et à Saint-Pétersbourg; mais j'ai de la peine à ne pas rire en voyant s'avancer une nourrice pomponnée à l'instar des nourrices des Champs-Élysées : comme elles, la brave femme porte un énorme bonnet tout couvert de rubans qui descendent jusques à terre; elle est enveloppée d'une pèlerine voyante; son bébé disparaît dans des flots de dentelles... et elle marche nu-pieds.

Le dîner nous attend : un plat m'a laissé le souvenir d'être au moins original : c'étaient des tomates saupoudrées de fenouil, ainsi que je l'appris du maître de l'hôtel qui s'était approché de notre table pour nous engager à aller voir après le dîner le château des Fleurs.

Arcadia à Saint-Pétersbourg, le château des Fleurs à Kiev, tout cela ne vaut pas notre Jardin de Paris ou même le Moulin-

Rouge. Il y a cependant des théâtres,
des acrobates, des chœurs (les éternels
chœurs!); le public est nombreux, les costumes bizarres, mais il manque une chose
essentielle : un peu de gaieté, à moins
qu'on ne la trouve sur la terrasse du premier étage (comme à Arcadia). Mais nous
avions résisté à la tentation là-bas ; nous
restons inébranlables à Kiev et regagnons
chastement nos lits, déjà moins mauvais
que ceux de Moscou... Et puis, à force
d'être mal couché, on finirait par dormir
dans un mouchoir!

31. — A contre cœur nous avions pris
un guide, baragouinant à peu près le français (Siertah aimait assez aller à l'aventure);
nous hêlons des voitures en compagnie de
notre ami l'avoué qui devait nous quitter le
lendemain.

Les promenades dans Kiev sont légè-
rement accidentées et souvent vous apercevez le cou du cheval qui apparaît au-

dessus de la tête du cocher comme une
menace : heureusement les chevaux ont le
pied solide.

Nous arrivons au monastère de Lawra,
célèbre par sa Vierge que j'ai eu le tort
d'admirer de trop près; des pèlerins zélés
se pressaient autour de moi, et, pendant
qu'ils faisaient des génuflexions en baisant
la terre, l'un d'eux, — je veux bien que ce
soit par distraction, — me soulagea de ma
blague bourrée de tabac. Trouver des pick-
pokets aux pieds de la Vierge de Lawra,
c'est trop fin de siècle!

Il est inutile de parler des richesses or-
nant l'église : nous sommes un peu blasés,
et vous aussi, sur la description de ces
amoncellements d'or, d'argent, de pierreries.

Mais quelle misère autour de nous! Le
dernier de nos mendiants rougirait de se
promener dans les accoutrements que l'on
rencontre aussi bien dans les rues des
grandes villes que dans la campagne; ce

qui explique l'étonnement du prédécesseur
du tzar, lorsqu'il assista à la revue donné
en son honneur au bois de Boulogne, le
jour de l'attentat de Berezowski. Ce qui,
en effet, avait le plus surpris le souverain,
c'était d'avoir vu la tenue de la population
parisienne, presque tout le monde portant
le chapeau à haute forme.

Je faisais déjà cette remarque sur la misère en Russie devant les colonnes de
lapis-lazuli d'Isaac; je peux me répéter
devant la Vierge de Lawra et je resterai
encore au-dessous de la vérité en dépei-
gnant la pauvreté de ces populations.

Mangeront-elles cette année? La récolte
de seigle a manqué presque partout, et,
malgré les roubles que peut distribuer le
gouvernement russe, le spectre de la fa-
mine se dresse menaçant.

Mais ces peuples, encore endormis dans
l'ignorance, souffrent sans se plaindre, et
leur fanatisme les soutiendra encore quelque temps contre le souffle révolution-

naire... Je tressaille... C'est le coude de Paul qui m'entre dans l'estomac : « Il est bien heureux que le moine qui nous précède ne comprenne pas le français; sinon, vous nous feriez conduire à la frontière, avec vos réflexions sur la politique! »

Et nous descendions, suivant le moine à la longue robe noire et à la coiffure en forme de chapeau sans rebords. Après avoir traversé de nombreuses galeries en bois, nous arrivons aux catacombes où reposent les corps des saints au nombre d'une centaine : la foule des pèlerins se dépouille pour eux de ses *roubles* et de ses *kopecks;* mais les moines n'insistent pas près de nous; leur flair avait deviné que la recette ne serait pas fructueuse avec des Parisiens (ne pas lire *Pharisiens*).

Dans des souterrains éclairés par la lueur tremblottante des cierges que nous portons, on se heurte à chaque instant contre des tombeaux ouverts dans lesquels repose quelque saint enveloppé complète-

ment dans un suaire : ce n'est pas gai précisément, mais le regard se repose sur les
peintures, à moitié effacées par l'humidité
et la fumée des cierges.

J'avais déjà perdu des illusions sur les
monolithes en malachite et en lapis d'Isaac;
Théophile Gautier me retourne le poignard dans le cœur au sujet des peintures
que j'aimais tant : beaucoup ont subi d'ha-
biles restaurations qui les déshonorent.

Nous nous sommes suffisamment pro-
menés dans le royaume des morts; retournons au soleil, après avoir donné un coup
d'œil aux crânes vénérés qui, par miracle,
suintent de l'huile. (Ce serait de l'huile de
tournesol, celle qui provient de la plante
que nous appelons le soleil, si j'en crois
les médisants.)

Notre voiture nous conduit au bord du
Dnieper... Mais que vois-je? Des nymphes?
Non, ce sont deux grandes jeunes filles,
habillées comme Ève avant la faute, se
livrant près de nous aux salutaires exer-

cices de la natation ; mais notre petit cheval est moins curieux que nous, et, refusant de s'arrêter, nous transporte au pied des autels dans un couvent tenu par des religieuses.

Ces dames paraissent de bonne humeur, et l'une d'elles apprenant que nous sommes Français, me raconte une histoire qui doit être très drôle puisqu'elle me montre une rangée de perles qui vaut bien celles entourant les icones de son église ; j'ai le regret de ne pas saisir un traître mot.

Cette religieuse me rappelait celle qui conduisit Théophile Gautier au couvent de Troïtza que nous n'avons pas eu le temps de voir quand nous étions à Moscou ; elle aussi, était belle et pleine de distinction... Si j'étais ministre des cultes, je n'autoriserais les prises de voile qu'à l'âge où la femme ne peut plus aimer, ou être aimée : « Alors jamais ! observe galamment ce bon Siertah. »

J'aperçois de nouveau la tête du cheval :

c'est dire que nous regrimpons dans le haut de Kiev. On arrive à l'église Saint-André ; de la terrasse circulaire, nous revoyons ce panorama du Dnieper que nous admirions hier.

Voici l'église Saint-Michel avec ses cadres de diamants pour entourer le portrait de l'archange, et ses lingots d'argent pour former le tombeau de sainte Barbe.

Laissons toutes ces richesses et reposons nos yeux en contemplant les mosaïques de Sainte-Sophie.

De même qu'Isaac est le plus beau monument de Saint-Pétersbourg et Saint-Basile l'édifice le plus curieux de Moscou, de même Sainte-Sophie est l'église la plus remarquable de Kiev : ses fresques donnent à l'intérieur de Sainte-Sophie un décor complet, et la grande figure du Christ, aux proportions démesurées, n'est pas disproportionnée au milieu de ces coupoles colorées.

On voit encore à Sainte-Sophie un escalier, destiné jadis à quelque palais voisin de l'église; il avait été muré et il fut mis à découvert, il y a peu de temps; il conduit au premier étage. Les peintures sont étranges et n'ont aucun rapport avec des sujets religieux puisqu'elles représentent, dans une grande naïveté, des épisodes de chasse et des scènes de bateleurs.

Il ne faut pas oublier la porte d'entrée, avec sa tour carrée comme celles du Kremlin; elle est d'un ton blanc et vert tendre d'un heureux effet.

Vous parlerai-je de la Porte d'or, amas de briques qui sont les derniers débris d'anciennes fortifications; ce n'est curieux qu'au point de vue archéologique.

Nous nous séparons de notre guide. très étonné de nous avoir entendu prononcer le mot *chic*, et buvons un verre de Kwass, boisson du pays faite avec du pain fermenté. Était-ce l'effet de la chaleur? Mais cette boisson nous parut bonne et me rappelait le coco des Champs-

Élysées, quand nous étions au collège.

Devant l'église catholique, un couple descend les marches escorté de parents et d'amis : c'est un mariage, mariage modeste si l'on s'en rapporte à la toilette de la mariée; seul le mari a fait des frais : il est coiffé d'une énorme casquette blanche (symbole de son innocence sans doute).

Ce sont nos adieux aux églises de la Russie, aux iconostases d'or et d'argent, aux peintures byzantines.

A propos de la religion russe, je lisais dans la « Sainte-Russie », du comte de Vasili, que le Saint-Synode qui concentre en ses mains la haute autorité ecclésiastique « est entièrement indépendant du pouvoir civil en tout ce qui concerne les questions dogmatiques et du culte. L'idée, par conséquent, que certains écrivains occidentaux, ignorant les conditions de la vie sociale et politique en Russie, ont propagée sur la dépendance du clergé vis-à-vis de l'Empereur ainsi que le rôle de pape que

le tsar jouerait dans l'église russe, est complètement dénuée de fondement... »

Il me semble que ces écrivains occidentaux n'auraient qu'à prendre le propre
livre du comte de Vasili pour trouver la
preuve que cette indépendance du clergé
est bien restreinte.

« Le Synode, dit le comte de Vasili, est
toutefois soumis, dans toutes les questions
d'administration ecclésiastique ainsi que
dans celles concernant ses rapports avec le
pouvoir civil et la société, au contrôle du
délégué civil qui porte le titre de procureur
impérial près le Saint-Synode. Les attri-
butions de ce fonctionnaire sont analogues
à celles du ministre des cultes en France.
Il assiste à toutes les délibérations du
Saint-Synode pour veiller à ce que les dé-
cisions des prélats ne soient pas en oppo-
sition avec les lois de l'empire, et il sanc-
tionne *toutes* les résolutions du Saint-Synode par son apostille officielle... »

Voilà de l'indépendance ou je ne m'y

connais pas[1]! Savez-vous en outre quel
est actuellement, je crois, le procureur
impérial près le Saint-Synode? Sans doute
quelque grand personnage versé dans
l'étude des questions religieuses? Vous n'y
êtes pas : c'est un général. Je le vois entrant dans cette réunion de prêtres, en uniforme et botté... « Vous êtes insupportable
pour la centième fois, mon cher Lajoye...
— Mais je ne parle pas politique?... —
Avocat bavard, reprend Siertah, attendez
donc au moins que vous ayez franchi la
frontière russe : ignorez-vous que votre
passeport, s'il était bon pour entrer en
Russie, n'est pas suffisant pour en sortir?
— Je le sais, puisque j'ai dans ma poche
mon billet de sortie qu'il m'a fallu payer à
Moscou. — Eh bien! gardez votre langue,
ou... vous serez privé de sortie...—Comme

---

1. Le Saint-Synode est la plus haute instance pour
toutes les matières religieuses; mais ses actes ne valent
que s'ils sont approuvés par l'Empereur, chef suprême
de l'Église. (ERNEST LHER, professeur à l'Université de
Lausanne. — *Revue encyclopédique*, 1891.)

au collège! — Parfaitement. — O sainte liberté!... — Vous tairez-vous?... » Nous discutions encore en nous mettant à table.

A huit heures du soir, nous nous installons dans le train d'Odessa, après avoir fait nos adieux à l'avoué qui partait pour Cracovie avec la bande des voyageurs d'Imatra : nous fîmes route dans le train jusqu'à la bifurcation; puis les deux tronçons se séparent, et dans celui qui gagnait Cracovie, j'entendis, déjà loin de nous (ce n'était pas un rêve puisque Siertah l'entendit aussi), le fameux cri « Pirrouitte! » et c'était encore une voix de femme, adieu moqueur d'une belle inconnue qui fut plus maligne que moi, car je n'arrivai pas à surprendre son secret. Bon voyage, Madame Pirrouitte!

Monsieur N*** a tenu sa promesse en venant me voir après la fermeture de l'Exposition de Moscou.

« Vous nous avez quitté trop tôt, me

disait-il. Que d'études de mœurs qui vous
ont échappé! Ainsi les enterrements se font
avec une pompe bizarre : le corps, la figure
découverte, est porté à l'église sur un char
traîné par quatre chevaux harnachés de
blanc, et de nombreux domestiques revêtus
de livrées également blanches à la mode
Louis XV sont perchés sur la voiture. A
l'église on ferme le cercueil qui est reporté
ensuite devant la maison du mort pour lui
faire un dernier adieu. La cérémonie se
termine au cimetière par un grand repas
qui a lieu sur place (les cimetières contien-
nent des restaurants). A chaque toast, les
parents versent un verre de votka ou de
champagne sur la tombe, et le dîner se termine... à la russe, c'est-à-dire dans la gaieté
la plus expansive. — Et les mariages? —
Je n'ai pas des renseignements très exacts
sur ce point; je sais seulement que la veille
du mariage, la fiancée réunit toutes ses
amies et installe une véritable fête dans un
établissement de bains où ses parents ont

loué un numéro complet (salle de bains, étuve, salon, etc.). Ces dames une fois réunies, la porte est fermée ; on prend un bain général dans le costume le plus primitif et la fête se continue... dans ce déshabillé complet.

Vous vous souvenez du café Yard?... — Parfaitement... et de Mademoiselle Touminet. — Eh bien, aux premières neiges, il s'ouvre un établissement du même genre, c'est Strella, mais à une distance encore plus éloignée de Moscou : après avoir traversé une série de salons comme ceux de Yard, vous entrez dans une serre immense, véritable hall, entièrement garnie de plantes exotiques. Pour vous donner une idée de la valeur de cette serre, je vous dirai qu'elle est estimée 123,000 roubles.

C'est un spectacle féérique que ce jardin qui vous transporte dans les tropiques, vous qui venez de quitter votre *troïka* dont les palettes enfonçaient dans la neige. —

« Ne me tentez pas ! Je serais capable
de retourner en Russie, mais, cette fois,
en plein hiver. — Et vous n'auriez pas
tort ! »

VII

ODESSA

12

CHAPITRE VII.

ODESSA.

1ᵉʳ septembre. — Levé, comme d'habitude, avant l'aube, je regardais, paresseu-
sement allongé sur mon canapé-lit, passer
le paysage plus animé depuis notre départ
de Kiev; ici des champs de soleils nous
montrent leurs faces épanouies; plus loin
les maïs aux épis gonflés de graines; des
chevaux attachés à un piquet font le ma-
nège en foulant les gerbes de blé. Le traïn

s'arrête à une station de pauvre apparence et le conducteur me fait comprendre que c'est une bifurcation et qu'il faut attendre l'arrivée d'un autre convoi.

Un samovar installé sous une tente attire mon attention et je juge qu'un verre de thé ne me sera pas désagréable comme déjeuner du matin. Je descends et, pendant que je me brûle en essayant d'ingurgiter le liquide bouillant, le train attendu arrive et me coupe la retraite, tandis que le nôtre donne le coup de sifflet du départ!

Il fallut escalader le train encore en marche, le traverser par l'une des terrasses et je m'accrochais au dernier wagon du nôtre qui était parti sans m'attendre. Je traversai tout l'intérieur des voitures pour retrouver Siertah qui ne s'était pas réveillé.

Me voyez-vous condamné à rester vingt-quatre heures dans cette gare inhabitée! Il est vrai que le thé aurait eu le temps de refroidir.

Nous entrons dans les greniers d'Odessa,

c'est-à-dire dans des vastes plaines tout en chaumes, la récolte étant faite. On rencontre des bandes de chevaux conduites par quelques cavaliers; elles galopent sur des routes couvertes de poussière et croisent des chariots qui ne craignent pas d'accrocher ou de verser, les chemins n'ayant ni fossés ni limites.

Ces chariots sont d'une construction particulière; deux paires de roues réunies dans la longueur par des grands bâtons qui s'allongent ou se raccourcissent suivant le volume des colis à transporter.

Nous nous épongeons sous un soleil ardent, et, amère dérision! nous croisons des vagons chasse-neige rangés le long de la voie.

Les nuages de poussière augmentent : il est grand temps d'arriver si nous ne voulons pas, malgré le secours du cabinet de toilette, ressembler à des ramoneurs descendant d'une cheminée. Le train s'arrête : nous sommes à Odessa.

Une calèche nous conduit à l'hôtel Saint-Pétersbourg et le Français qui nous reçoit a soin de nous installer dans des chambres confortables, j'entends comme fauteuils, car je ne vois pas de draps dans le lit. Je disais tout à l'heure qu'on finirait par s'habituer à coucher dans un mouchoir ; ici le mouchoir lui-même fait défaut.

Mais Siertah me console en me montrant le tarif accroché au mur : « Deux draps et une taie ; coût : soixante *kopecks*. »

Il n'y a pas longtemps que les Russes se sont décidés à croire à l'utilité des lits, et, si mes souvenirs sont exacts, c'est Alexandre Dumas qui racontait que, reçu par un grand seigneur, peut-être l'Empereur lui-même, comme celui-ci lui demandait s'il était satisfait de sa chambre à coucher : « Très satisfait, sauf qu'il manque un lit. — C'est vrai, les Français couchent dans des lits. » Et on remue tout Saint-Pétersbourg pour avoir un lit. Le lende-

main : « Vous êtes content? — Il manque
un matelas. » Nouveau remue-ménage
pour avoir des matelas. Le surlendemain :
« Enfin, vous êtes satisfait? » Et Dumas,
à voix basse : « Il n'y a pas de draps! »

Une fois débarrassés de la poussière
récoltée en chemin de fer, nous descendons à la salle à manger, et nous déjeu-
nions pacifiquement quand un coup de
canon ébranle les vitres pendant que toutes
les horloges sonnent midi. « Je ne me
croyais pas si près de la Cour des Comptes,
dit Siertah, en pensant au canon du Palais-
Royal. »

Puisque nous parlons canons, un boulet
français vint se planter, en 1852, dans le
piédestal de la statue qui orne la promenade d'Odessa, et il est resté enchâssé
dans la pierre.

Sur le socle de la statue, on lit : « Duc
de Richelieu, gouverneur d'Odessa, 1803-
1814. » Étranges rapprochements de l'Histoire!

Remis de notre émotion, nous sortons pour visiter la ville. La promenade qui domine la mer vaut bien la promenade des Anglais, à Nice, et la vue sur la mer Noire, pour le moment parfaitement bleue, mérite tous nos éloges, d'autant plus qu'à nos pieds nous avons le mouvement des navires qui encombrent le port. Mais sortez de cette promenade; vous tombez dans des grandes rues tirées au cordeau et dans lesquelles on ferait cuire des œufs.

Je cherche un marchand pour remplacer ma blague volée à Kiev, mais je ne trouve que des articles de Paris. A grand'peine, je déniche dans un bureau de tabac de bas étage un article du pays, qui n'est qu'une vulgaire poche en cuir avec des cordons garnis de coquillages : le tabac est toujours la mousse jaunâtre avec laquelle j'avais fait connaissance à Kœnisberg.

Nous retournons à la promenade placée sous les auspices du duc de Richelieu; elle commence à devenir animée; la musique militaire s'installe et elle jouera jusqu'à dix ou onze heures du soir.

Mesdames les habitantes d'Odessa se promènent et leur regard est moins calme que celui des rares Moscovites que j'ai pu apercevoir. Mais je suis obligé de leur faire un reproche : leurs corsets ne viennent certainement pas de Paris.

Que faire, le soir? Une affiche annonce une représentation au Cirque : « Va pour le Cirque, dit Siertah en gémissant et en regrettant son lit! » Nous prenons un *drojki* et bientôt nous sommes assis dans un établissement en planches ressemblant à tous nos cirques de foire. De plus, le spectacle est servilement copié sur la dernière création du Cirque d'Hiver : la toile caoutchoutée que l'on remplit d'eau. Seuls, les clowns paraissent drôles, mais une certaine discussion qui fait beaucoup rire nous échappe, les clowns ayant le tort impardonnable de ne pas parler français : nous en distinguons un cependant en habit noir qui, dans ses intonations imite... Baron, notre Baron des Variétés! « Quel honneur pour moooâ! Ah! quel honneur! » dirait notre excellent comique s'il savait qu'il a des élèves... au Cirque d'Odessa!

En rentrant à l'hôtel, un domestique nous apporte le thé, et, négligemment, je lui dis : *blagadari* « merci ». Il paraît que on n'est pas habitué à remercier les valets dans ce pays-là ; mon homme qui s'en allait se retourne tout d'une pièce et me fait un salut jusques à terre.

Et nous couchons dans des lits, avec un supplément de 60 *kopecks* : Vous savez? Les deux draps et la taie. Mais comme les voyageurs se déshabillent rarement, puisqu'ils méprisent l'usage des draps, on a négligé de mettre des rideaux aux fenêtres. Siertah a sa chambre donnant sur la rue, et les rues sont assez larges pour ne pas être vu d'en face ; mais moi qui ai ma chambre du côté de la cour, c'est bien différent et je suis obligé de ne me déshabiller

qu'après avoir soufflé la bougie. Il est vrai
que je la rallume ensuite pour lire le journal français d'Odessa, où je vois que nous
ne sommes pas brillants comme mouvement commercial : « Entrée : un navire
français contre 17 anglais; sortie : un navire français contre 27 anglais ».

2. — Nous avons la journée à passer ici :
quelles sont les distractions? — Aucune,
répond notre hôtelier. — Au moins, on
n'aura pas l'embarras du choix.

Le temps nous manquait pour gagner
Sébastopol. — Allez voir les bains de
Christiweniky-Liman, insinue timidement
l'hôtelier.

Sans autre renseignement, nous prenons
un tramway qui va dans cette direction.

Une fois hors d'Odessa, on se croirait
dans un désert de l'Afrique, avec les vil-
lages kabyles perchés sur la dune. Des
attelages — à coulisses — nous dépassent,
laissant derrière eux des nuages de pous-

sière, et ils vagabondent dans la plaine
aride en effrayant les chevaux qui font
semblant de paître des brindilles, lesquelles font semblant de pousser. Ces
chevaux, lorsqu'ils sont effrayés, me rappellent les marionnettes du Chat-Noir,
lorsque l'illustre Salis fait défiler de la
cavalerie. La ressemblance est facile à
comprendre, les chevaux d'Odessa étant
entravés et ne marchant qu'à trois pattes.
Ne prenez pas ma comparaison pour une
critique, Monsieur Salis!... Dieu me garde
de médire d'un homme dont on a parlé
à l'Académie!

Le tramway s'arrête : nous voyons devant nous une grande porte et un vaste
jardin : nous descendons. Il y a bien un
café et une pièce d'eau, mais en fait de
baigneurs nous ne voyons que des hommes
à moitié immergés et balayant la surface
de l'eau... avec de vrais balais. — Pénétrons dans le parc : on dit dans mon Guide
que ce sont des bains de boue. — Ma foi!

je ne sais pas où est la boue; toutes les rivières du parc sont à sec et garnies de béton.

Nous avons la clef de l'énigme : c'est une maison de santé. Nous sortons et reprenons un autre tramway : celui-là nous conduira peut-être aux fameux bains.

Il nous y conduisit, mais aussitôt arrivés, nous remontions précipitamment dans la voiture retournant à Odessa. Une odeur pestilentielle prenait à la gorge. Ces bains sont des anciens golfes séparés aujourd'hui de la mer, et l'eau y croupit comme dans la presqu'île de Gennevilliers, diraient les mauvaises langues, — qui auraient tort.

Revenus à l'hôtel, nous ne faisons pas nos compliments à notre hôtelier, et l'on se console en dînant.

Mais le train pour Cracovie ne partait qu'à minuit. Un café-concert installé dans un grand jardin nous donna l'hospitalité et nous eûmes l'occasion d'applaudir une de nos actrices parisiennes dont j'ai le regret d'avoir oublié le nom.

Onze heures! nous reprenons le chemin de l'hôtel pour retrouver nos valises : à minuit, nous quittions Odessa.

3. — Dans le topo primitif dessiné par Paul, Odessa était laissé de côté et nous revenions par Kiev et Limberg.

Mais l'appétit vient en mangeant, et comme le confortable des chemins de fer nous permettait d'affronter sans fatigue de longs trajets, nous nous étions décidés à voir la mer Noire, pour pouvoir la comparer à la mer Baltique. — Bah! nous rattraperons le temps perdu, disait Siertah! et nous l'avons rattrapé en doublant les étapes au retour.

C'est ainsi que la perspective de rester en wagon pendant quarante-six heures pour aller d'Odessa à Cracovie fut loin de nous effrayer; il est vrai que nous attendions trois heures à Binder, deux heures à Jassy, ce qui nous donnait le temps de souffler.

Lorsque je racontais à mon frère cette partie de mon voyage, il souriait : — Et moi qui faisais au Canada des trois et quatre jours de chemin de fer, et avec quels retards? Une fois nous avons eu vingt-huit heures de retard à cause de la rupture d'un pont. Aussi les Américains suppriment-ils les ponts quand ils peuvent. — Comment? — Arrivés au bord d'une rivière, on coupe le train en plusieurs morceaux; on installe ces morceaux sur d'énormes bateaux; puis la rivière traversée, on rattache les tronçons et l'on file de plus belle.

Quand donc aurons-nous en France, non pas des wagons américains et moins encore des voies américaines par trop dangereuses, mais des wagons russes? Quand le vieux matériel sera épuisé, répondent imperturbablement les administrations de chemins de fer. J'entends faire cette réponse-là depuis trente ans : notre vieux matériel, c'est le couteau de Jeannot !

Et en France on ne se plaint pas, parce que autrefois on voyageait en diligence, et que le chemin de fer est un progrès sur la diligence : au point de vue de la casse, c'est certain, quoi qu'en disent les statistiques établissant que, comparativement, on tue moins de monde; mais en réalité on fait des purées comme à Saint-Mandé, par exemple, purées qu'on n'aurait jamais obtenues dans une diligence qui contenait vingt personnes.

J'admets que les accidents proviennent un peu des exigences du public, mais au moins, si vous risquez de nous casser les reins, ne nous donnez pas en outre le germe de maladies qui naissent de votre système déplorable de claustration ! Livrez-nous des wagons dans lesquels on puisse circuler, et n'accordez pas ce privilège aux seuls trains de luxe.

Ce n'est pas parce qu'un pauvre diable n'aura pas le moyen de se payer des

sleeping-cars, qu'il faudra le condamner à
rester enfermé dans un wagon pendant des
heures entières, sans pouvoir remuer ni
descendre de voiture!

— Ce sera la ruine des Compagnies! —
Est-ce bien sûr?... Abaisser le prix des
lettres, disait-on aussi, c'est enlever à
l'État un de ses gros revenus? Soutien-
drait-on encore cette dernière opinion?...
Plus vous faciliterez les voyages, plus
nombreux seront les voyageurs et plus
considérables seront les recettes!... Vous
le voyez déjà avec vos billets circulaires!...
Je suis interrompu par Siertah, qui tré-
pigne : — Mon ami, je ne vous donnerai
plus jamais de vin supérieur les jours de
grands trajets : il est absolument impossible de dormir avec un pareil adversaire...
des chemins de fer français!

Nous eûmes le temps de dormir à
Binder, où nous restions trois heures en
panne : le soleil se levait à notre départ
de cette station, et le thermomètre mar-

quait à huit heures 21 degrés Réaumur.

Nous sommes loin des steppes de la Russie du Nord!

Le paysage est animé : les maisons groupées sur les collines sont égayées par leurs auvents peints en rouge; les femmes babillent autour des fontaines, et quelque paysan galant offre de verser l'eau dans les cruches en soulevant le grand bras de la potence, l'appareil primitif placé au bord des puits.

On traverse la Bessarabie dont nous avons goûté les vins à Saint-Pétersbourg. Aux stations les costumes sont variés : voici des popes aux longs cheveux; voici des femmes, des veuves probablement, affublées d'un grand chapeau noir qui rappelle celui des moines; des marchands sont en grande discussion et l'on distingue les Juifs aux petites papillotes qui remplacent les accroche-cœur de certains messieurs auxquels je ne compare pas ces commerçants.

A Kaparache, les discussions recom-
mencent entre les voyageurs qui descendent du train et les gens du pays : on
échange des échantillons de blé et... le
train siffle ; les uns remontent dans le
train, les autres s'accrochent aux marchepieds pour tâcher de terminer l'affaire.

A une autre station, ce sont des cris par-
tant de la campagne : les vaches des voisins ont envahi le champ d'un propriétaire
qui chasse les visiteuses en les frappant
d'un bâton à tour de bras, pendant qu'il
accable de malédictions les malheureux
vachers.

Du haut d'une pile de sacs de blé, un
gamin, comme le juge du camp, considère
la scène, il est impassible et plein de
dignité ; la richesse de son costume lui
permet de mépriser ces querelles de bas-
étage ; une chemise faite d'un vieux sac,
tel est le *complet* du gamin, nu-tête et nu-
pieds par un soleil brûlant. Près de lui

dort un animal que je prends pour un loup, mais ce n'est qu'un chien.

Après la station de Corneschti, le train arrive aux premiers contreforts des Karpathes et la rampe est tellement sérieuse que la locomotive s'arrête époumonée... C'est le seul accident que nous ayons eu dans nos deux mille cinq cents lieues de chemin de fer, et encore cet accident a-t-il consisté dans un arrêt de quelques minutes, le temps de remettre la machine en pression!

De tous côtés des convois de chariots traînés par des bœufs se dirigent vers le marché de Pirlitza où nous voyons plusieurs types moldaves aux gros bonnets fourrés.

Pendant que le train gagne la frontière russe, le courrier, de son côté, fouette ses chevaux et va porter les lettres dans la campagne, ayant dans sa voiture une escorte de soldats.

Ungham! c'est la frontière russe.

Nous retrouvons le gendarme à talpak;

nous nous empressons de lui remettre nos
passeports et nos billets de sortie. Il nous
congédie avec un geste de grand seigneur
et m'indique sur ma montre que nous
pourrons revenir prendre nos passeports
dans une demi-heure, demi-heure dont
nous profitons pour essayer de déjeuner,
ce qui ne me paraît pas très facile, le buffet
étant vide.

Un industriel, comme il y en a à toutes
les frontières, pour faire le change des
monnaies, nous tire d'embarras et obtient
pour nous deux potages, mais c'est tout; ce
qui nous contriste. La figure de Siertah
se déride lorsqu'après avoir plongé sa cuil-
lère au fond de son bol, il y trouve presqu'une livre de bœuf. Cela me rappelait
cet ancien marchand des Halles chez lequel
pour un sou, on avait le droit de plonger la
fourchette dans la marmite, et on ne retirait
pas souvent une livre de bœuf! Son con-
current, plus honnête, vous donnait au
moins un bouillon à la condition de payer

d'avance, sinon le liquide versé dans la table creusée en forme d'assiettes était aspiré par l'instrument qui l'avait apporté, et cet instrument était celui de Monsieur Diafoirus.

Ces marchands ont disparu avec nos vieux quartiers et je ne croyais pas les retrouver à Ungham.

Je retourne au poste des gendarmes qui me rendent avec un sourire bienveillant (vu ma qualité de Français), mon passeport et celui de Siertah, mais gardent les billets de sortie, tout en nous autorisant à quitter le territoire russe; ils se donnent même la peine de vérifier si nous sommes montés dans le train roumain pour être bien certains que nous ne rebroussons pas chemin.

Le signal du départ est donné : Adieu, Sainte-Russie! Je regretterai de ne pas avoir visité Saint-Pétersbourg en hiver et de ne pas avoir glissé en traîneau sur la Neva, mais le souvenir de ce que j'ai vu dans ce voyage à la vapeur suffira pour ne pas me faire regretter cette équipée, si agréable, grâce à mon ami Siertah.

Je pouvais faire un livre plus complet en m'inspirant des ouvrages déjà parus sur la Russie, ou bien en racontant les récits récoltés de tous côtés; mais pourquoi piller les uns et comment se fier aux autres!

Aussi ai-je laissé de côté bien des anecdotes qui, pour être intéressantes si elles étaient vraies, pouvaient n'être qu'une mauvaise plaisanterie comme en font souvent les gens qui veulent se moquer du voyageur.

On me racontait, par exemple, au point de vue des mœurs, que les Russes, dans certaines classes et non pas des moins élevées, avaient certains goûts assez orientaux; on me citait le pied de nez fait par une princesse en sortant de la chambre à coucher de son auguste époux, pied de nez qui s'adressait à un certain favori de faction dans l'antichambre et qui avait été consigné à la porte... Tout cela, ce sont des potins qui courent les grandes villes, et il faut habiter un pays quelque temps pour distinguer, dans tous ces racontars, le vrai du faux, et encore est-on souvent trompé !

Je reste donc fidèle à mon rôle de voyageur de passage; comme dirait un photographe, je ne fais que des *instantanés*. Et maintenant, entrons en Roumanie, après avoir salué une dernière fois le talpak russe; il est temps de se diriger vers Paris à grande vitesse. Nous ne nous arrêterons plus, après Iassy, que dans les villes de Cracovie et de Breslaw.

VIII.

ROUMANIE — AUTRICHE — ALLEMAGNE
BELGIQUE

CHAPITRE VIII.

ROUMANIE — AUTRICHE — ALLEMAGNE
BELGIQUE

La douane roumaine. — Iassy. — Douane autrichienne. — Kolonea; paysages normands. — Sardou en Galicien. — Encore une roue qui chauffe. — La tour Eiffel. — Cracovie. — La veuve. — Wagner. — Les demi-bottes de l'armée autrichienne. — Je donne mon dictionnaire à un Parisien. — Les mines de Welitza. — La soupe polonaise. — Nous manquons retourner à Varsovie. — Douane allemande. — La lutte... pour le pain. — Breslaw; ses jardins. — Halle au clair de la lune. — La douane belge. — La douane française. — Encore la tour Eiffel. — Paris. — Conclusion. — Le Boulevard, poésie d'Ojelay.

Jeudi 13 septembre (suite). — Quel fut notre étonnement, en arrivant à la frontière roumaine, de voir les gendarmes nous demander nos passeports! Et quels gendarmes! Ils avaient l'air d'enfants.

Sachez donc désormais que quatre

grandes puissances exigent encore actuellement la justification du passeport : La
Chine, le Japon, la Russie et... la Roumanie !

> Une grenouille vit un bœuf
> Qui lui sembla de belle taille...

Ces gendarmes sont même très sévères,
au moins en apparence. Une petite femme
assez gentille et peu farouche, accompa-
gnée de sa respectable mère, n'avait pas de
passeport : devant nous, l'officier de garde
lui refuse impitoyablement le passage et le
train part. La première personne qui des-
cendit de chemin de fer arrivant à Iassy, ce
fut la petite femme... Il y a des accommo-
dements avec le ciel... et la gendarmerie
roumaine, à moins que ce ne fut de la ja-
lousie de la part de l'officier, craignant de
voir des rivaux en nos personnes !

Nous avons deux heures à passer à
Iassy : une voiture nous promène dans la
ville ; rien de bien curieux, si ce n'est l'hô-

tel Trajan (l'empereur romain naquit aux environs de Iassy); j'entends que l'hôtel Trajan est curieux pour notre cocher qui reste en extase devant cette construction parce qu'elle est d'architecture moderne.

Les rues sont encombrées de marchands à longue redingote et leur manie de faire du commerce nous gagne nous-mêmes; car nous descendons de voiture pour marchander des ceintures brodées de perles. J'en collectionne quelques-unes et cette heureuse idée me valut, à la douane allemande, de perdre le temps de déjeuner, les douaniers allemands ayant fureté tous leurs tarifs pour me faire payer un droit qui monta jusqu'à la somme de vingt-cinq centimes; mais la cloche du départ sonnait et je déjeunai par cœur ce matin-là.

Les Parisiennes qui portent aujourd'hui ces ceintures sauront maintenant ce qu'il m'en a coûté d'avoir pensé à orner leurs jolies tailles.

Le propriétaire du buffet nous a préparé un dîner supportable ; mais ce qui attire mon attention, c'est la manière d'éviter qu'on ne tire la nappe à soi : elle est étalée sur la table, puis on enveloppe la table d'un cadre en bois, de sorte que la nappe se trouve tendue : l'idée est ingénieuse.

Remontés dans les wagons (qui ne sont plus les beaux wagons russes), nous profitons du soleil couchant pour contempler les plaines souvent marécageuses ; les paysans se préparent à quitter leurs travaux ; les costumes émaillent les champs par leurs couleurs vives ; je ferai une exception pour l'habillement d'un ouvrier qui se contente pour tout vêtement d'une longue chemise : c'est sommaire.

Je lis dans mon journal de ce matin (4 novembre) qu'un accident est arrivé ces jours-ci entre Iassy et Pasakany, accident attribué à la malveillance : les Roumains seraient ils jaloux de nos chemins de fer ? Ce qu'il y a de certain, c'est que, pour notre compte, nous arrivions à la frontière autrichienne sans accrocs. Il est minuit et il faut descendre de voiture, mais nous passons sans difficulté, les douaniers préférant dormir que de nous tracasser.

4. — On traverse le Pruth, et le jour naissant me permet de voir la belle vallée entourée de montagnes bleues qui précède la ville de Lazany. La culture du maïs se fait en grand; les pieds de chanvre et les soleils mêlés au maïs donnent un peu de verdure à ces plaines grillées.

Puis viennent des prairies sur lesquelles tranche la couleur des moutons noirs; les paysans portent les cheveux longs comme nos ancêtres les Gaulois, mais les gendarmes ressemblent à des bersaglieris avec leur chapeau à plumes de coq : ils ont le fusil en bandoulière.

Nous repassons le Pruth et mes instincts de pêcheur se réveillent à la vue des paysans, dans l'eau jusqu'à la ceinture;

ils promènent leurs échiquiers au fond de la rivière. Bonne pêche! les amis! mais je ne suis pas sur le pont des Arts pour avoir le temps de vous voir prendre du poisson.

Aux environs de Kolnea, le paysage me rappelle ce petit coin de la vallée d'Eure où je taquine quelquefois le lapin, dans ces bois qui bordent la plaine de Cocherel, célèbre par la victoire de Duguesclin. C'est un plaisir de voir ces costumes de plus en plus nombreux, les femmes aux jupes roses ou rouges, les hommes avec le carnier suspendu par un ruban écarlate : on les croirait tous grands-croix de la Légion d'honneur.

Regardez cette église de campagne avec ses trois dômes; souvenir de la Russie, sauf le nombre des coupoles qui est toujours de cinq dans les églises russes.

Mais que vois-je? Sardou habillé en Galicien! La ressemblance est frappante et peut donner une idée du type des hommes du pays.

Pendant le déjeuner à Stainslawow, passe une jolie fille dont je croque le costume : Gilet sans manches ; il est marron avec bordure de brandebourgs à torsades rouges ; manches de chemise bouffantes ; jupe plate et très courte, de couleur rose tendre ; cheveux blonds nattés avec des rubans jaunes et verts ; pas de chapeau, pas de souliers.

Et la belle enfant aux yeux bleus traverse la foule des voyageurs comme une reine.

La cloche m'arrache à mon croquis et nous roulons de nouveau, traversant le Diester et apercevant les premières ruines que nous ayons vues depuis longtemps ; c'est aux environs d'Haliez ; cette fois, on se croirait dans la vallée d'Auge, d'autant plus que les troupeaux de vaches multicolores et les petits bœufs gris de fer complètent ce paysage qui ressemble aux environs de Beuzeval (encore un pays où j'ai passé quelques bons moments chez le

14

père Imbert, le meilleur et le plus bourru
des hôteliers, comme je l'ai inscrit sur le
plan que j'ai publié des promenades de
Beuzeval). « — Vous n'oubliez pas la réclame, mon brave homme, me dit Siertah! — Si je n'en fais pas moi-même,
qu'est-ce qui m'en fera? — C'est du cy-
nisme! »

Un costume nouveau me rappelle que
nous ne sommes pas en Normandie,
principalement la coiffure portée par un
enfant : il a un chapska qui est la copie
diminuée de la coiffure des lanciers polonais, telle que nous la représente la gra-
vure si populaire de la mort de Ponia-
towski se précipitant dans l'Estler.

A Stare-Siolo se dressent les ruines
d'un grand château aux ornements polonais : des pyramides séparées par des ornements en forme de cornes d'abondance.

Décidément les mœurs sont très sim-
ples dans ce pays; si les jeunes filles se
promènent nu-pieds, les enfants ne s'ha-

billent pas du tout : un petit bataillon de quatre jeunes garçons regarde passer le train : ils sont alignés comme de vrais soldats, mais ils ont oublié de se couvrir même d'une chemise.

Peu à peu les costumes deviennent plus rares et s'assombrissent; les jupes rouges font place aux robes à carreaux violettes; les hommes quittent la peau de mouton retournée et piquée pour prendre les vestes de drap bleu brodées.

La dernière femme que nous voyons revêtue d'un costume original, c'est une jeune fille campée sur son cheval comme la Jeanne Darc de Frémiet.

Ç'en est bien fini des paysages aux couleurs variées; nous montons péniblement la rampe qui sépare le versant de la mer Noire de celui de la mer Baltique; aux environs de Limbourg, le blé et le seigle remplacent le maïs, et le paysan a dépouillé les vêtements bigarrés pour s'habiller comme les habitants de nos campagnes.

Un seul incident trouble un instant notre voyage : une roue a chauffé; nous portons malheur à nos wagons! Comme à Kœnisberg, il nous faut déménager et quitter un petit salon où nous dégustions tranquillement le café, pour nous empiler dans un compartiment aux trois quarts occupé par des Anglais, espèce de voyageurs heureusement rare en Russie.

Ce qui met Paul de mauvaise humeur. Je mets le comble à sa colère en lui montrant à l'horizon un clocher que je prétends être la tour Eiffel... Or, je ne sais pourquoi, Siertah a cette tour en horreur; déjà il avait bondi en trouvant à Nijni-Novgorod des boutons de manchettes ornés de cette pauvre tour...

Un jet électrique (qui ne vient pas de la tour Eiffel), détourne notre attention; c'est une colonne placée à l'entrée de Cracovie : lefeuillage éclairé par cette gerbe éclatante produit un effet fantastique.

La frontière autrichienne est tellement

voisine de la Russie aux environs de Cracovie que la surveillance est poussée au
plus haut degré, et ces feux électriques
permettraient de démasquer à longue distance une marche ennemie.

La quarante-sixième heure de notre
trajet étant expirée, nous entrons dans la
gare de Cracovie.

Salués respectueusement par le groom
de l'hôtel, nous dînons rapidement pour
retrouver un lit, meuble dont nous ne con-
naissions plus l'usage depuis deux jours;
mais, avant de me coucher, j'envoie dans
un coin de la chambre un traversin mi-
nuscule dont mon frère m'avait signalé
l'utilité et qui est employé notamment à
Java, je crois.

Ce petit traversin s'appelle la *veuve* et
se place entre les jambes pour éviter aux
personnes puissantes le frottement de la
chair dans les pays chauds. J'aurais bien
demandé des renseignements plus exacts à
la soubrette fort agaçante qui m'avait con-

duit à ma chambre, mais elle ne parlait pas français.

On ne dort pas tranquille à Cracovie, oh non! Dès cinq heures du matin les tombereaux roulent sur le pavé, et, de plus, une musique langoureuse..., sur instruments de cuivre, me faisait sursauter dans ma couche : ce concert matinal a probablement pour but de ne pas troubler le sommeil des habitants tout en avertissant les balayeurs d'aller à leur ouvrage ; c'est comme le carillon belge, il faut s'y habituer ; mais le premier jour on croirait entendre les préludes de la trompette du jugement dernier, ou bien la marche du *Tannhauser*; mais, respect à Wagner ; je me ferais arracher les yeux par les Wagneriens, et ils se tromperaient en voyant en moi un ennemi de cet Allemand dont j'apprécie plus la musique que les manières ; et puis comme il est mort, on n'a plus à craindre ses incartades.

Après avoir parcouru la ville et jeté un

coup d'œil sur l'hôtel de ville qui ne manque pas de cachet, non plus que la cathé-
drale avec son grand Christ, nous rentrons
à l'hôtel au moment où les régiments reviennent des grandes manœuvres et défi-
lent dans notre rue, conduits par des officiers dont les chevaux doivent apprécier le
poids.

Je ne suis pas assez compétent, n'ayant
jamais été que capitaine de mobilisés, pour
juger cette armée, mais s'il m'avait fallu,
en 1870, marcher avec les demi-bottes des
fantassins autrichiens, bien certainement
je serais resté en route, aurais-je eu devant
moi, pour me donner du courage, la grosse
caisse d'une de leurs musiques. Le soldat
qui tape sur la peau d'âne, celui-là ne
craint pas de se tourner les pieds en portant son instrument bruyant; c'est un
petit cheval qui est chargé de ce rôle de
commissionnaire, de sorte que notre
homme peut s'en donner à cœur joie, et il
ne se fait pas faute de fatiguer sa caisse.

A table, nous avions fait connaissance avec un compatriote, mieux encore, un Parisien, jeune homme voyageant pour son plaisir. Il comptait prendre notre contre-pied ; aussi m'empressai-je de lui offrir mon dictionnaire ; c'est depuis ce temps-là que je ne sais plus parler russe.

Le groom, qui nous avait salués si respectueusement à notre arrivée, nous trouve une calèche et nous faisons prix pour aller visiter les mines de sel à Welitza, située à quelques lieues de Cracovie.

L'excursion est curieuse et sans danger, quoi qu'en disent certains guides ; mais il ne faut pas s'attendre à voir des intérieurs d'église en sel blanc, comme on pourrait le croire. Il y a bien des églises et des salles de bal en sel, mais le ton du sel est noirâtre et d'un aspect peu distrayant.

Une seule chose est drôle ; c'est la cérémonie de la prise... pas d'habit, mais de costume de mineur : notre trio affublé de longues blouses blanches, le chef recouvert d'un bonnet verdâtre en forme de petit pain de sucre, regrettait de n'avoir pas un photographe sous la main pour transmettre ce groupe remarquable à la postérité.

La descente n'est pas gaie et une petite fille, faisant partie de la bande d'excursionnistes qui s'était réunie à nous, pleurait à chaudes larmes. On nous introduit dans des cages qui rappellent celle que le bon Louis XI avait fait construire pour le cardinal de La Balue, sauf qu'elles ne sont pas en forme de cornet; puis à la lueur d'une lampe fumeuse, on descend vers l'abîme; il est certain que si la chaîne cassait, on pourrait dire adieu à l'existence, mais, avec de pareilles craintes, il ne faudrait pas non plus se servir d'ascenceurs qui quelquefois vous aplatissent au plafond.

Nous sortons de nos cages et parcourons des salles aux voûtes immenses éclairées par les torches de nos guides; en abandonnant cette partie de la mine, les ouvriers ont donné aux excavations des formes de chapelles ou de galeries à colonnes qui ont une grande originalité. Dans l'une d'elles, un transparent représente le triomphe du travail : les lustres, les statues sont également en sel.

Par des escaliers de bois, nous descendons encore ; aux étages inférieurs, les voûtes sont encore plus élevées; les maisons de l'avenue de l'Opéra y tiendraient à l'aise.

Puis une explosion ébranle toutes ces solitudes : c'est un vulgaire pétard à sept coups, et les vibrations se répercutent à l'infini.

La promenade se termine en bateau sur un lac qui se trouve à 140 mètres au-dessous du niveau de la terre, et l'eau reflète les lueurs rouges du feu de bengale allumé en notre honneur, et... à nos frais.

Réintégrés dans la cage de fer, bientôt nous revoyons le soleil... avec satisfaction.

On rentrait à l'hôtel assez à temps pour goûter une soupe polonaise qui fit faire à

Siertah une horrible grimace; elle était cependant bien tentante cette soupe au laitage, avec ses tons violacés et ses petits morceaux de lard frit qui surnageaient.

Ah! Paul! vous êtes trop difficile!

6. — De bon matin, notre Parisien nous quitte emportant précieusement mon dictionnaire russe, et nous, nous prenons le chemin de la gare. Mais un obstacle imprévu défend l'entrée des wagons : un filet, large d'une trentaine de centimètres et long comme le train est placé à hauteur de la figure et sépare les voyageurs des voitures. Enfin l'employé tire la ficelle et nous voici casés.

En quittant Cracovie, on aperçoit un des cônes, sorte de tumuli, élevés à la mémoire des hommes illustres; celui-là est le cône de Kosciuzco.

Puis le train s'arrête au bout de quelques heures à Orizakowa. Je flânais devant notre voiture, sans essayer de déchiffrer les inscriptions accrochées le long des wagons, lorsque je vois Siertah faire un déménagement rapide de nos colis : les valises exécutaient une valse effrénée sur le trottoir. « Est-ce que vous avez une hallucination, criai-je à Paul? » Il descend lui-même quatre à quatre au moment où le train partait.

« Vous n'avez donc pas lu l'écriteau? » — Ce me serait difficile! — Malheureux! si je n'avais pas mis le nez à la fenêtre, nous nous en allions à Varsovie... revoir les Varsoviennes. — Où serait le mal? — Le mal, c'est que nos billets circulaires en Allemagne seraient perdus, et, de plus, mon père m'attend demain soir à la gare de Paris à 6 heures 1/2 précises. — Pardon, à 6 heures 25.

On transporte nos bagages dans un autre train, et celui-là nous conduit à la frontière allemande; c'est la Silésie qui daigne nous ouvrir ses portes, et si les douaniers de Myolowitz ne demandent pas nos passeports, ils nous suppriment le déjeuner, comme je l'ai dit plus haut, à force d'examiner les ceintures roumaines.

Comme je ne voulais pas rester à jeun jusqu'au dîner, je me précipite au buffet de la station suivante. C'était la lutte... pour le pain. La dame du comptoir, en voyant mes mains se disposer à piller le buffet, croit sans doute à une attaque en règle et prestement fait disparaître la plus grande partie des plats garnis de viande. Mon butin consiste en quelques pains, des ronds de saucisson et une bouteille de Saint-Estèphe. Siertah paye et nous remontons rapidement en wagon, la cloche du départ ayant sonné.

C'était jouer de malheur! Les pains étaient anisés, ce qui ne fait pas un mélange heureux avec la charcuterie.

Voici l'Oder, et, à l'horizon, les montagnes de la Moravie. Sans autres incidents nous arrivions à Breslaw pour dîner : une seule remarque à faire, c'est la singularité de beaucoup de voitures, elles ont un timon, mais sont attelées d'un seul cheval, ce qui n'est pas élégant.

Le soir, flânerie dans la grande rue de Breslaw ; nous nous attablons même, un peu à contre-cœur, dans une brasserie ; cependant je dois dire que les Allemands de cette ville paraissent avoir moins de morgue que ceux des autres provinces allemandes.

7. — La matinée se passe à visiter la ville, assez jolie avec ses sculptures gothiques de l'hôtel de ville et de l'église ; mais, amadoués par la promenade des anciens remparts convertis en jardins, nous nous perdons.

Ayant l'habitude d'être toujours en avance, nous retrouvons, à l'aide d'une voiture, le chemin de l'hôtel, prenons nos bagages et arrivons encore à temps pour ne pas manquer le départ.

A la station de Kotbus, la gare est envahie par une nuée de paysans endimanchés et revêtus des costumes les plus pittoresques... et je pense à la Roumanie déjà loin de nous!

Sur la voie, j'aperçois de temps en temps des escouades de terrassiers, je veux dire, de terrassières; pauvres femmes! il paraît que la vie est dure dans le pays!

Nous passons l'Elbe à Torgan : on est dans le bassin du Nord et nous avons deux heures pour dîner à Halle; cette opération faite, nous prenons un tramway électrique (comme celui qui manœuvrait place de la Concorde), et visitons la ville au clair de la lune; nous saluons même en passant la statue de Haendel, l'auteur du *God save the queen!*

Pour notre dernière nuit à passer en chemin de fer, nous étions seuls dans notre compartiment et je m'endormis en pensant que le lendemain je serais sur mon cher boulevard.

8. — A dix heures du matin, le train passe à Dusseldorf; voici le Rhin; mais nous avons laissé Cologne de côté, ce qui nous attire une algarade d'un employé. Pendant un bon quart d'heure il discute avec Siertah pour lui expliquer que nous devons chacun un supplément d'une dizaine de francs : « Si je lui donnais cent sous? — Essayez. » Le succès fut complet et l'employé disparut.

Puis c'est la douane belge, et à 3 heures la douane française. On s'en aperçoit tout de suite : parqués comme un troupeau de moutons, les voyageurs, chargés de leurs bagages, attendent le bon plaisir des douaniers pour pouvoir reprendre leurs places en chemin de fer, et ces excellents employés ne se pressent pas.

Mais que voulez-vous! Nous sommes en France et vous n'ignorez pas que nous avons une administration que l'Europe nous envie... En route pour Paris!... « Paul, voyez la tour Eiffel; cette fois, c'est la vraie!... »

A 6 heures 25, heure militaire, nous tombions dans les bras de tous les nôtres; le soir, voyageurs de Chine et de Russie trinquaient à la France, sans avoir besoin d'envoyer les bouteilles de champagne au plafond pour s'égayer... Et j'écris le mot : « *Fin.* »

« ... Pardon, mon cher Raoul, vous oubliez... — Ah! nous sommes en France et je peux parler librement. — C'est précisément parce que vous êtes libre d'exprimer votre opinion, mon cher Maître, que je vous rappelle un oubli impardonnable... — Lequel? — Vous n'avez pas posé vos conclusions, vous, un avocat! — Vous avez raison. »

CONCLUSION

CONCLUSION

Comme j'hésitais à formuler ces conclusions, mon ami Ojelay, qui s'était
mêlé à la conversation, lança cette bou-
tade :

« L'Allemand boit de la bière, le Russe
mange ses roubles et le Français adore la
femme... — C'est très bien répondu pour
un Parisien qui ne connaît que son boulevard, répond Siertah. — Et votre conclusion politique ? reprend Ojelay. —
Hum!... Je crois que, pour le moment,
le gouvernement russe a tout interêt à
s'allier à la France, et que la réciproque
est vraie. — Mais que dites-vous de l'enthousiasme du peuple russe ? — Le peuple russe sera toujours (au moins jusqu'à

nouvel ordre), de l'opinion de son Empereur. — Vous êtes discret comme Monsieur de Talleyrand, répond Ojelay, mais moi, qui ne fais pas de politique, je prends mon luth : écoutez mon impromptu. »

Et nous nous quittions pour trouver un bon lit, après avoir entendu réciter :

LE BOULEVARD

—

C'est la mode aujourd'hui de courir l'Univers !
J'imite mes voisins; je fais cette sottise.
Assurément j'avais la cervelle à l'envers
Le jour où je commis une telle bêtise.
O Boulevard chéri! je t'ai pleuré souvent
Malgré tous les attraits que m'offrait un voyage
Dans ces pays battus par la neige et le vent!
Pour te quitter, je jure, il fallait du courage.

J'ai pu te contempler, des pauvres Polonais
Capitale déchue, aimable Varsovie;
Ils sont tombés, tes rois, chassés de leurs palais;
Mais il te reste encor, pour donner de la vie,
Cette foule agaçante, au regard provoquant,
Femmes aux traits si fins, aux yeux dignes des anges;
C'est de mon Boulevard un souvenir brûlant :
Je ne puis te donner de plus grandes louanges.

J'ai vu Saint-Pétersbourg et ses dômes en or ;
Isaac, la Néva, Cronstadt et la Baltique ;
Colonnes de lapis, diamants et trésors ;
Que de grandeur en toi, ville diplomatique,
Avec ta Perspective et tes nombreux palais !
La neige est ta couronne, et les traineaux rapides
Sillonnent ta cité, marquée à tout jamais,
Du sceau de ton grand tzar, le roi des intrépides.

Et puis voici Moscou, l'enceinte du Kremlin,
Et ta coupole étrange, église Saint-Bazile !...
Montant jusqu'aux Moineaux, — du jour c'était la fin, —
Je vois les minarets, massés en longue file,
Jeter encor leurs feux au soleil qui s'en va.
Ton commerce, Moscou, jusqu'à Nijni transporte
Le tribut des bateaux couvrant la Moskowa :
Marchands de tous pays, tous forment ton escorte.

Descendons à Kiev, la ville des couvents ;
Que de nouveaux trésors ! que de belles peintures,
Victimes du baiser des pèlerins fervents,
Quand elles ne sont pas au fond des sépultures,
Œuvres de ces pinceaux dignes de Raphaël !
Salut, Sainte-Sophie aux belles mosaïques !
Et toi, tout scintillant, archange Saint-Michel,
Que vient servir le pope aux riches dalmatiques.

Tes jardins, Odessa, qui dominent le flot,
Charment nos yeux ravis par le brillant spectacle
D'une forêt de mâts que nous quittons trop tôt...
Je pars !... Sainte Russie, un invincible obstacle
S'oppose à mon séjour dans le pays de l'or :
J'aime la liberté ; mais toujours sans réplique,
Il faut se taire ici ; je suis trop jeune encor :
Retournons à Paris, berceau de la critique !

Octobre-Novembre 1891.

TABLE DES MATIÈRES

CHAPITRE IV. — *Saint-Pétersbourg* (suite); *Imatra.*

CHAPITRE V. — *Moscou; Nijni-Novgorod.*

CHAPITRE VI. — *Moscou* (suite et fin); *Kiev.*

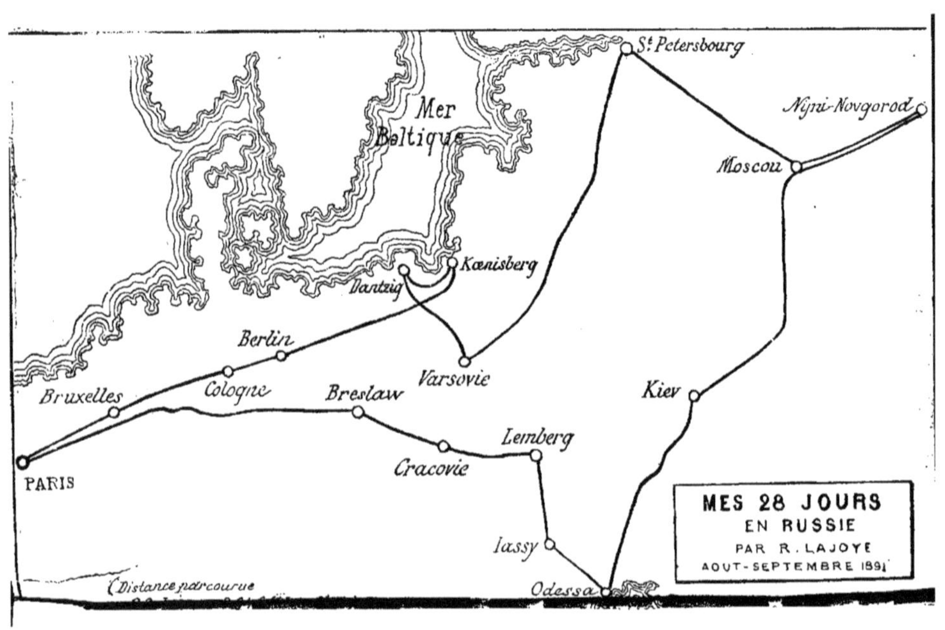
Mer
Baltique
St Petersbourg
Nijni-Novgorod
Moscou
Kœnisberg
Dantzig
Berlin
Varsovie
Kiev
Bruxelles
Cologne
Breslaw
Lemberg
PARIS
Cracovie
Iassy
Odessa
Distance parcourue
MES 28 JOURS
EN RUSSIE
PAR R. LAJOYE
AOUT-SEPTEMBRE 1891

FONTAINEBLEAU. — E. Bourges, imp. breveté.

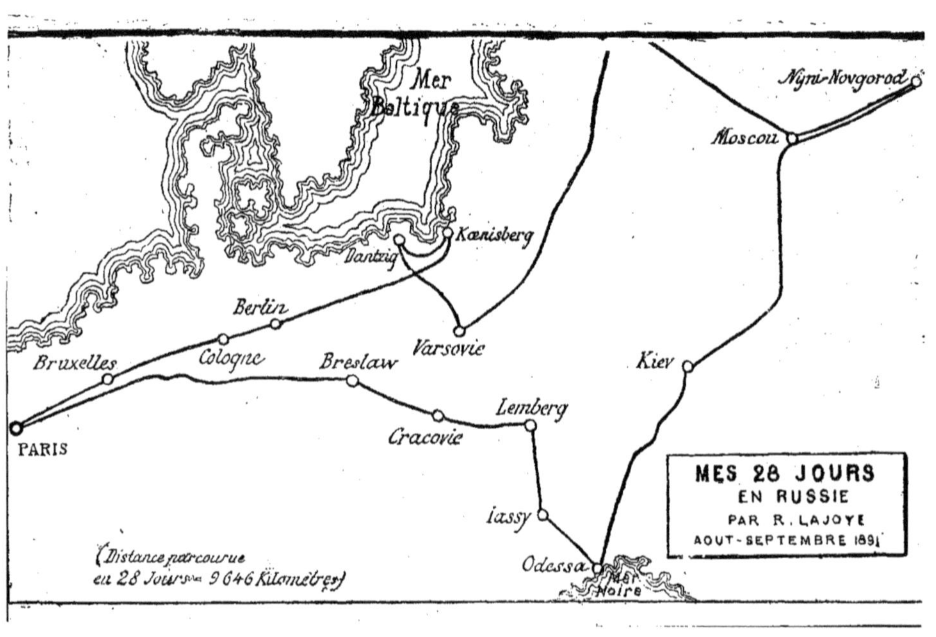

Mer Baltique
Nyni-Novgorod
Moscou
Kœnisberg
Dantzig
Berlin
Varsovie
Kiev
Bruxelles
Cologne
Breslaw
Lemberg
Cracovie
PARIS
Iassy
Odessa
Mer Noire
MES 28 JOURS
EN RUSSIE
PAR R. LAJOYE
AOUT-SEPTEMBRE 1891
(Distance parcourue
en 28 Jours = 9646 Kilomètres)

www.ingramcontent.com/pod-product-compliance
Ingram Content Group UK Ltd.
Pitfield, Milton Keynes, MK11 3LW, UK
UKHW021045220726
13924UKWH00005B/2029

9 782019 225995